EL ESPÍRITU DEL HOMBRE

Libros escrito por la Dra. Ana Méndez Ferrell

Los Cielos Serán Conmovidos
Sentados en Lugares Celestiales
Guerra de Alto Nivel
La Iniquidad
Comed de Carne, Bebed de Mi Sandre
Regiones de Cautividad
El Oscuro Secreto de G.A.D.U.
Pharmakeia, El Asesino de la Salud
Apocalpsis, La Revelación de Jesuscristo
Maria, la Madre de Jesús

EL ESPÍRITU DEL HOMBRE

Dra. Ana Méndez Ferrell

Ministerio Voz de la Luz

El Espíritu del Hombre

© Dra. Ana Méndez Ferrell 1a Edición Español 2014

Todas las referencias bíblicas has sido extraídas de la traducción Reina Valera, revisión 1960 y en algunos casos traducidas de la Biblia amplificada. Tambien usamos la Biblia Textual.

Categoría: Liberación

Publicado por:

Voz de la Luz
P. O. Box 141
Ponte Vedra, Florida, 32004-0141
Estados Unidos de América

www.vozdelaluz.com
www.riojordan.com

Impreso en: Colombia

ISBN: 978-1-933163-75-8

Este libro y otros productos de Ministerio Voz de la Luz están disponibles en librerías y distribuidores cristianos a nivel mundial. Para más infromación de librerías en los Estados Unidos y distribuidores extranjeros comunicarse con Jordan River Publishing y Distribuidores al 305-778-2021. O contáctenos por correo electrónico a hector@riojordan.com

DEDICATORIA

Dedico este libro primeramente a Mi Padre Celestial, a Jesucristo mi Señor y al precioso Espíritu Santo quien me reveló todo lo que está aquí escrito. También quiero dedicarlo a mis hijos, Ana, Pedro, Jordan, a mi mi amada nuera Karen y a mis nietos Karem y León. Ellos representan la nueva generación que será llena del conocimiento de Dios más que ninguna otra y a quien Dios ya está preparando para recibir la profunda revelación de Su Espíritu y de Su poder para impactar la Tierra.

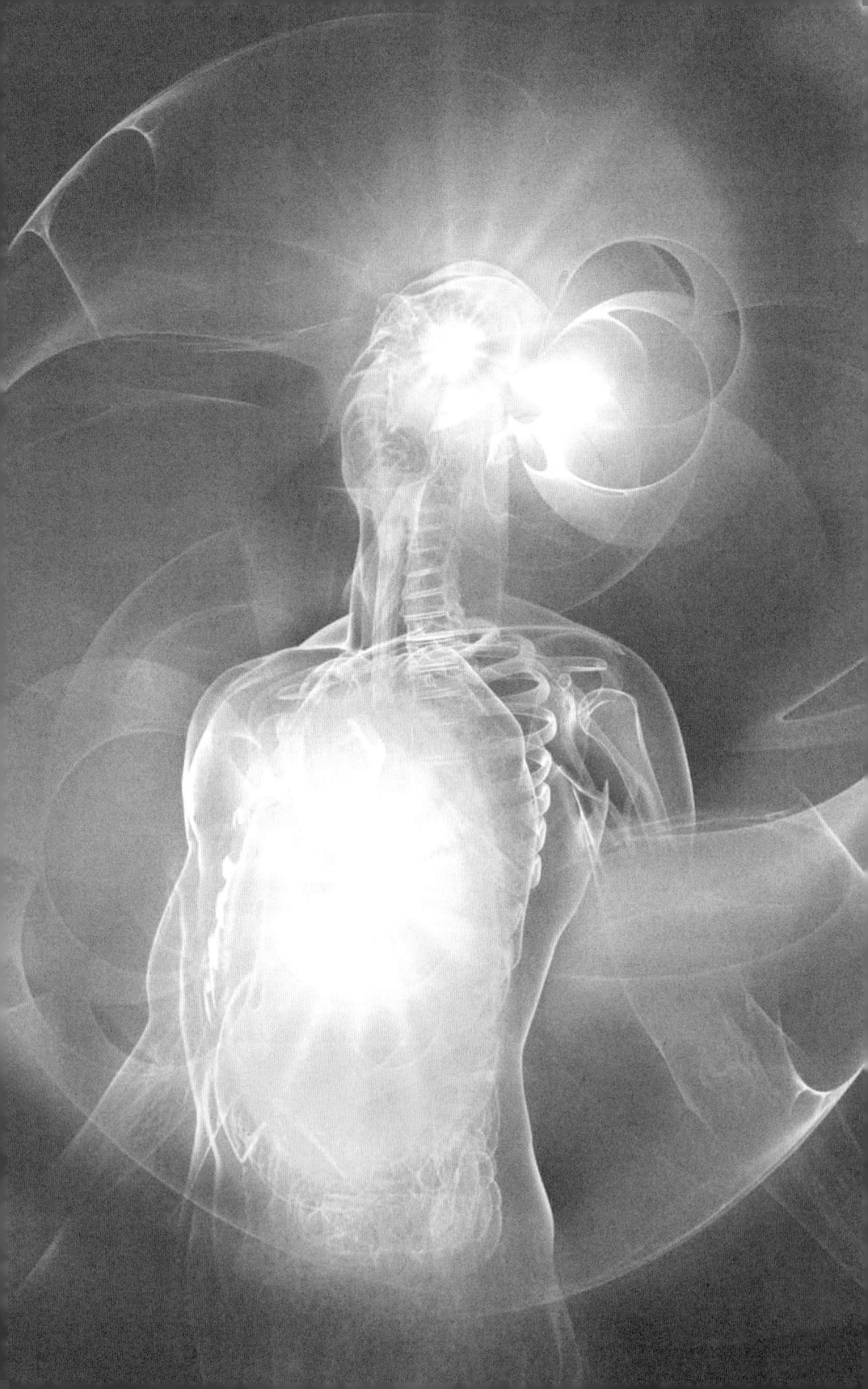

ÍNDICE

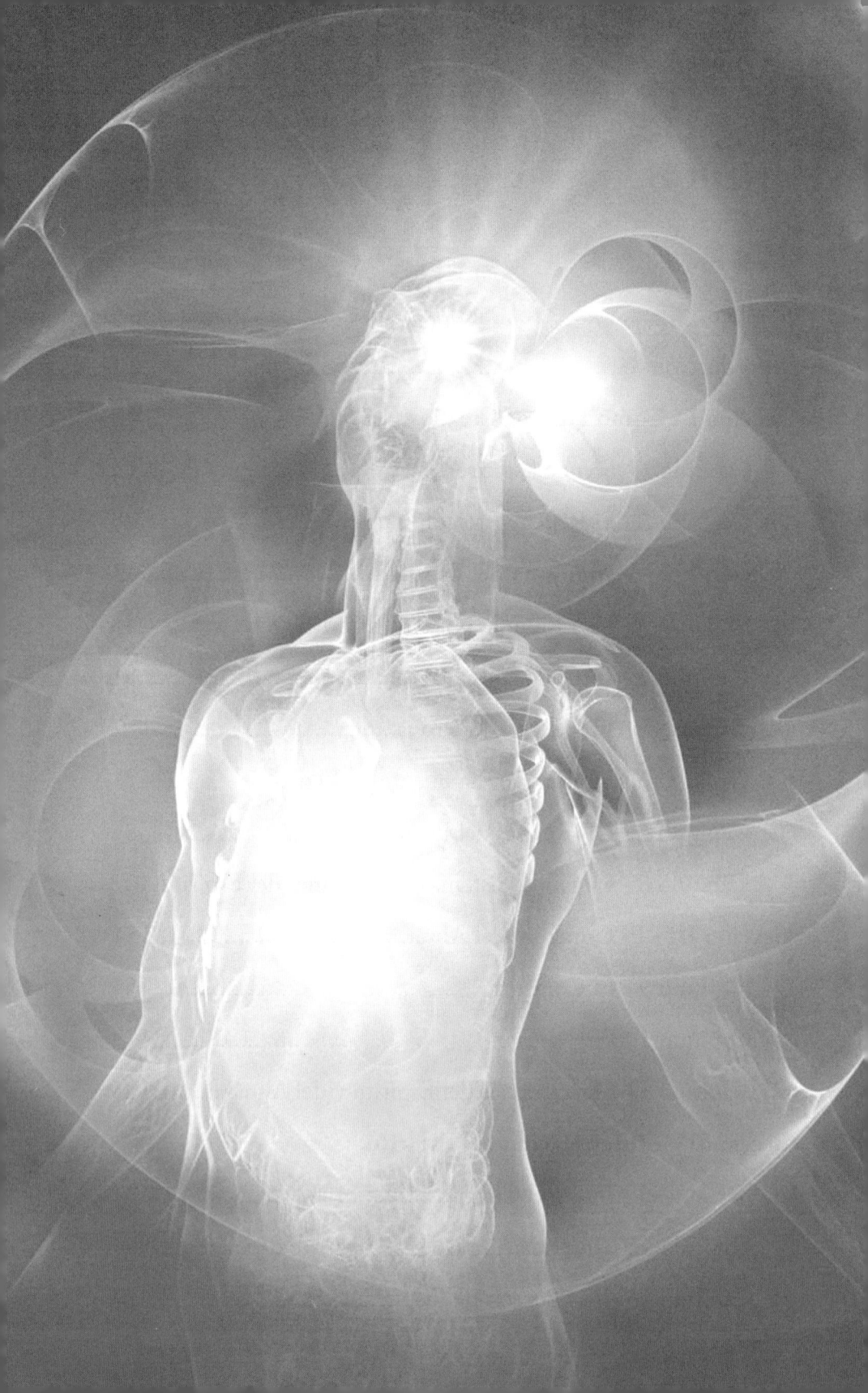

PÓLOGO

Mientras escribo miro en mi escritorio aquellos viejos (por uso, tiempo y lectura) tomos de Watchman Nee el HOMBRE ESPIRITUAL, y recuerdo que en el tomo II el escritor aborda la necesidad de hacer un análisis del espíritu. Fue hace muchos años que leí estos libros y definitivamente produjeron una sed al entender e indagar acerca del hombre espiritual. Por años pensé, ¿quién podrá romper de nuevo el molde? Y tener la valentía para escribir acerca de algo tan apasionante y determinante para la vida de todo ser humano; no sólo de los que creen y siguen a Jesús, sino también de todos quienes se preguntan: ¿quién soy? ¿cómo soy? ¿soy sólo lo que se ve externamente?.

Mientras meditaba con mi esposa de nuestro espíritu y cómo entender más acerca de cómo Dios nos hizo, recibí la llamada de Anita, me dijo Pablo, té voy a enviar el manuscrito del último libro que escribí; el ESPÍRITU DEL HOMBRE. Sentí un impacto profundo, en ese mismo instante. Hablaba de ése tema y pensé, alguien va a romper el molde y va atreverse a desafiar al hombre a indagar, preguntar y profundizar en la vida maravillosa del espíritu.

Considero que éste libro producirá en tú vida un deseo poderoso de introducirte en una relación con Dios que te lleve a otra dimensión, la del Espíritu. La profeta Ana Méndez Ferrell ha tenido la valentía de escribir de temas para muchos controversiales y en otros casos que nadie abordaría por tratar de guardar una reputación religiosa, aunque por dentro griten ¡quiero más! Aunque este libro no necesariamente trata temas controversiales si generará tiempos nuevos en tu espíritu.

Creo que la iglesia esta madurando de una forma especial, libre de religiosidad con la capacidad de leer y tomar lo que considere le pueda ayudar y replantear lo que cree y dejar de lado aquello en lo que no este de acuerdo sin levantar juicios destructivos que retrasan el propósito Divino al no entender que todos cumplimos un llamado diferente.

Si logramos ver nuestras diferencias y respetar los diferentes puntos de vista, la iglesia será enriquecida como nunca antes.

El leer esté libro y estudiarlo te ayudará a conocer la anatomía del espíritu. Estoy seguro que niveles de entendimiento y revelación en Él vendrán.

"Para que el Dios de nuestro Señor Jesucristo, el Padre de gloria, os dé espíritu de sabiduría y de revelación en el conocimiento de él, alumbrando los ojos de vuestro entendimiento, para que sepáis cuál es la esperanza a que él os ha llamado, y cuáles las riquezas de la gloria de su herencia en los santos, y cuál la supereminente grandeza de su poder para con nosotros los que creemos, según la operación del poder de su fuerza, la cual operó en Cristo, resucitándole de los muertos y sentándole a su diestra en los lugares celestiales" Efesios 1:17-20

Espero pronto tener en mis manos una copia del libro impreso.

Pablo Portela
Apóstol

INTRODUCCIÓN

El conocer nuestro espíritu, en todas sus formas y funciones es el elemento clave para poder desarrollarnos como hijos de Dios.

Por siglos ha sido un misterio escondido, el saber cómo fue diseñado nuestro ser interior. Tras de mucho indagar llegué a la conclusión que no había nada escrito que me pudiera dar luz a este respecto. Tan sólo encontré los antiguos escritos del Dr. Watchman Nee, pionero en su tiempo, pero el cual toca muy someramente la realidad y la configuración de nuestro espíritu. También el Dr. Paul Trulín se adentró en este tema, pero ninguno tenía lo que yo anhelaba.

Yo quería conocer nuestra anatomía interna, la espiritual y la anímica, con la misma pasión que un médico anhela conocer el cuerpo humano.

La escritura dice: Pero Dios nos las reveló a nosotros por el Espíritu; porque el Espíritu todo lo escudriña, aun lo profundo de Dios. Porque ¿quién de los hombres sabe las cosas del hombre, sino el espíritu del hombre que está en él? Así tampoco nadie conoció las cosas de Dios, sino el Espíritu de Dios. [1]Fue entonces que me metí profundamente con Dios, pidiéndole que me mostrara el espíritu del hombre. Después de ayunos, mucha oración y horas y días meditando en esto, el Señor me visitó y reveló ante mis ojos, toda nuestra configuración interna. Fueron días de revelación que crecía y me llenaba de luz y entendimiento.

Este libro es el resultado de todas esas visitaciones que me abrieron la Escritura en forma extraordinaria. Esta es la revelación que por Su gracia infinita me entregó, para hacerlas saber a todo el que tenga sed de conocer su propio espíritu. Al Padre Eterno sea toda la gloria, por la magistral obra que hizo en cada uno de nosotros, dándonos el privilegio de ser hechos a Su Imagen y Semejanza.

Nota

1 Corinitios 2:10-11

SECCIÓN I

CÓMO FUIMOS CREADOS

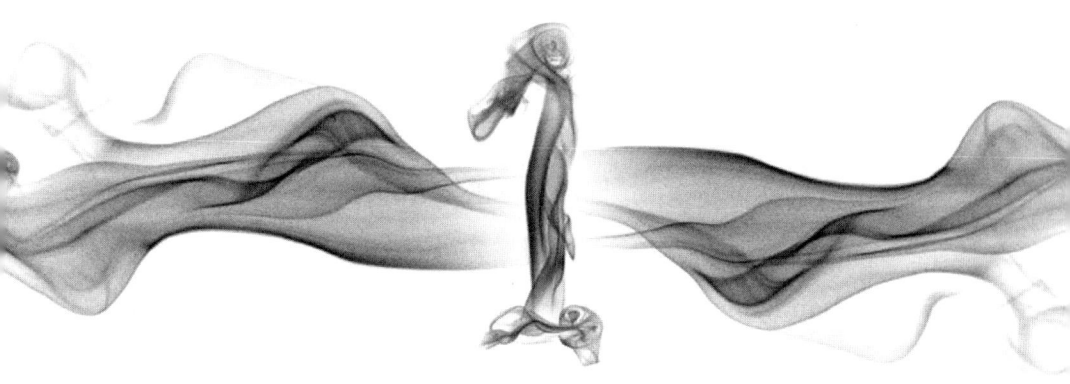

Capítulo 1

Somos Espíritu

1. ¿Quiénes Somos?

¿Quiénes somos realmente? Es la pregunta filosófica que ha motivado la mente y el escrutinio de los más ilustres pensadores de todos los tiempos.

Si te pregunto quién eres, parece a simple vista algo muy fácil de contestar. Y me dirás tal vez "Soy Juan García". Y te diré: "ese es tan sólo tu nombre, pero ¿quién eres?"

Entonces pensarás dos veces y me dirás:" "Soy un Ingeniero y trabajo como gerente de la firma tal y tal," y yo te contestaré: ésa es tu profesión ¿pero quién eres?

Y es ahí donde empieza el verdadero conflicto en el interior. ¿Quién es realmente ese ser revestido de lo que pensamos que somos?

Para entender ésto, que ya no nos es tan simple de resolver, necesitamos volver nuestra mirada al origen del hombre, al diseño original creado por nuestro Hacedor.

Nuestro ser se define por la fuente de donde proviene.

Un cachorrito de León es tal, porque proviene de su padre y madre quienes son leones.

De esta misma manera el gran "Yo soy", nuestro Dios creador, determinó que de Él mismo proviniese una criatura de Su misma sustancia y naturaleza.

Este ser tendría en sí mismo las facultades, el gobierno, la inteligencia, la sabiduría, la creatividad, el poder y todos los atributos del Padre inherentes a Su divina genética.

A) Origen del Hombre

Entonces dijo Dios: Hagamos al hombre a nuestra imagen, conforme a nuestra semejanza; y señoree en los peces del mar, en las aves de los cielos, en las bestias, en toda la tierra, y en todo animal que se arrastra sobre la tierra. Y creó Dios al hombre a su imagen, a imagen de Dios lo creó; varón y hembra los creó.

Génesis. 1:26-27

B) A imagen de Dios

Dios creó al hombre a Su Imagen. Esto significaba que quien viera al hombre reconocería a Dios en él. Como diría Jesús, el "último Adán" a su discípulo Felipe: "el que me ha visto a mí ha visto al Padre".

Jesús vino a restaurar lo que se había perdido cómo resultado de la caída, y en su obra y en Su misma persona, refleja la identidad y los atributos perdidos por el primer Adán.

Es entendiendo de donde venimos y a imagen de Quién fuimos creados que podemos encontrar la respuesta a nuestra verdadera identidad.

Esa imagen es la que define la respuesta de quienes realmente somos, esto es: "hijos de Dios."

Dios hizo para Sí, una familia conforme a Él mismo, para darle a Sus hijos el dominio y autoridad sobre todas las cosas. Nuestro espíritu es esta sustancia divina de la cual fuimos formados.

En esencia eso es lo que somos, espíritus que provenimos de Dios.

> *Por otra parte, tuvimos a nuestros padres terrenales que nos disciplinaban, y los venerábamos. ¿Por qué no obedeceremos mucho mejor al Padre de los espíritus, y viviremos?*
>
> *Hebreos. 12:9*

En lo natural, sólo un padre puede impartir identidad a un hijo. El crecer al lado de un verdadero padre nos da una identidad firme y segura para caminar por la vida. Cuando el padre es amoroso, se preocupa por su hijo, lo corrige, lo afirma y lo enseña, crea en el hijo una personalidad estable.

Esta persona se sentirá segura y orgullosa de ser el hijo de tal padre. La figura maternal por más amorosa y dedicada que sea, puede darle muchas cosas a sus hijos, pero no identidad.

Es de nuestro padre que tomamos el apellido que determina nuestra genealogía y nuestra procedencia, y eso es parte de nuestra identidad o lo que identifica a qué familia pertenecemos.

Sin embargo nuestra principal naturaleza no es la natural sino la espiritual, ya que antes que fuéramos seres humanos fuimos espíritus conocidos y nombrados por Dios.

*Antes que te formase en el vientre te **conocí,** y antes que nacieses te santifiqué, te di por profeta a las naciones.*

Jeremías. 1:5

*según nos escogió en él **antes de** la fundación del mundo, para que fuésemos santos y sin mancha delante de él,*

Efesios 1:4

*Ahora, así dice Jehová, Creador tuyo, oh Jacob, y Formador tuyo, oh Israel: No temas, porque yo te redimí; **te puse nombre,** mío eres tú.*

Isaías 43:1

Él es el Padre de todos los espíritus y ésta, es la verdadera y eterna naturaleza que nos da la identidad y el entendimiento de nuestra procedencia.

Dios creó al hombre tal y cómo Él era, lo creó con una capacidad divina para conocer todas las cosas. Hoy en día los científicos afirman que el hombre usa tan sólo un 2% de su habilidad mental y alguien superdotado como Albert Einstein usa el 10%.

Pero esto no es el diseño de Dios para su más sublime creación. El espíritu y alma de Adán estaban revestidos de toda la inteligencia, sabiduría, conocimiento y poder para gobernar toda la creación, él fue hecho para entender y moverse en dos dimensiones simultáneamente, la natural y la espiritual. Adán podía percibir el mundo natural a través de sus sentidos físicos; pero al mismo tiempo tenía los sentidos espirituales totalmente activados y podía ver la realidad espiritual en todas sus dimensiones.

Veía al mismo tiempo los árboles en el Paraíso que Dios le dio para que comiese de su fruto, y los árboles espirituales, el del conocimiento del bien y del mal, y el de la vida.

Hablaba con el Padre en el fresco de la tarde y con los animales. Su espíritu y su percepción tenían la facultad de discernir el significado y la intención de cada sonido emitido por la creación y conocer lo que cada especie estaba diciendo.

Dios le había dado el dominio y la autoridad sobre ellos y por lo tanto podía comunicarse con ellos. Esto se hace claro porque no se sorprendieron de que la serpiente hablara, era algo normal para ellos.

Cuando Adán les puso nombre, no lo hizo al azar. El nombre tiene que ver con la naturaleza y atributos de cada ser creado. Luego entonces, Adán vio todas esas características que definían cada especie animal y les dio el nombre apropiado. Conocía aún como pensaban, ya que llamó a la serpiente "astuta", lo cual es una facultad mental.

Todo esto era posible porque su naturaleza terrenal estaba revestida de la gloria de su espíritu, el cual era el depósito de la vida misma de Dios.

De hecho Adán y su mujer estaban revestidos de Cristo, quién es la luz primera, por quién fueron hechas todas las cosas y por quién todas subsisten. Es en Él, donde están contenidos todos los tesoros de la sabiduría y del conocimiento.

> *para que sean consolados sus corazones, unidos en amor, hasta alcanzar todas las riquezas de pleno entendimiento, a fin **de conocer el misterio de Dios el Padre, y de Cristo, en quien están escondidos todos los tesoros de la sabiduría y del conocimiento.***
>
> *Colosenses 2:2-3*

Los pensamientos de Adán estaban continuamente iluminados por la multiforme sabiduría de Dios, él simplemente conocía todas las cosas. Fue hecho lleno de creatividad, de arte, de inventiva. Su espíritu podía sondear los universos más complejos del microcosmos y del macrocosmos. Podía comprender las formulas más elaboradas de la matemática y de la física. La perfecta armonía del ecosistema orquestrado por Dios y las funciones de cada uno de sus componentes.

Estaba lleno de gozo, porque su espíritu respiraba de continuo el amor de Su Padre, lo cual lo llenaba de plenitud. Era rey de toda la creación, y ésta le servía para todo propósito que subiera en su corazón. Fue creado para ser el arquitecto de lo que hubieran sido ciudades llenas de la gloria de Dios. Era en suma, un verdadero hijo de Dios.

La idea de Dios era crear una Tierra llena de Sus hijos, donde Él fuese el Padre y Dios de todos nosotros. Pero desafortunadamente todo este plan se viene abajo por causa de la caída.

C) Atrás de Bambalinas

Luzbel, el Querubín de la sabiduría se había llenado de maldad y había caído del cielo, y con él la tercera parte de los ángeles. Estos, sin embargo, no fueron creados a imagen y semejanza de Dios y por lo tanto no eran redimibles, o así lo determinó el Altísimo.

Luzbel, despojado de su luz, de su gloria y su rango fue sentenciado a las tinieblas eternas. Desde ahí, miraría con horror la creación de una nueva estirpe de seres divinos a quienes el Padre daría ahora Su autoridad.

Como ser espiritual, satanás no tenía acceso al mundo natural para gobernar sobre él, como era su intención. La serpiente era tan sólo un animal limitado, incapaz de tomar reino y dominio, satanás necesitaba alguien que tuviese una mente y una inteligencia más elaborada. Un vaso diseñado para contener un espíritu de alta complejidad, el cual era el hombre.

2. El Hombre Es Un Espíritu Encarnado

Tenemos que entender que a diferencia de los ángeles y los demonios, el hombre es el único espíritu creado para operar en dos dimensiones simultáneamente. La razón de esto es que el hombre es un espíritu encarnado.

Para que lo espiritual y lo terrenal puedan funcionar unidos, es necesario un tercer elemento que los comunique y los haga compatibles entre sí.

Para esto creó Dios un magnífico aparato al que llamó "alma".

Entonces Jehová Dios formó al hombre del polvo de la tierra, y sopló en su nariz aliento de vida, y fue el hombre un alma viviente.

Génesis. 2:7

Al soplar Dios Su aliento en el cuerpo de barro, conformó dentro de él, no sólo el espíritu humano sino también, este tercer elemento.

En otras palabras fuimos hechos espíritus que habitamos en un cuerpo y tenemos un alma, para entender y procesar tanto el mundo espiritual como el mundo natural. Somos la única creación con una composición tripartita.

En un momento más, vamos a ver por qué, este aparato le era tan codiciado por el diablo.

El alma está hecha de la misma sustancia etérea que el espíritu.

La psicología, ignorante de la vida del espíritu, sólo considera al hombre, alma y cuerpo, pero la Biblia menciona estas tres partes:

Y el mismo Dios de paz os santifique por completo; y todo vuestro ser, espíritu, alma y cuerpo, sea guardado irreprensible para la venida de nuestro Señor Jesucristo.

Tesalonicenses 5:23

Cuando imaginamos nuestra alma y nuestro espíritu, pensamos como en la forma de un fantasma, una figura humanoide parecida a nosotros, hecha de una sustancia volátil invisible al ojo natural.

Otros más avanzados, como lo fue el Dr. Watchman Nee a principios del siglo XX vieron al espíritu como un compuesto en el que se encuentran la Comunión, la intuición, y la conciencia; y al alma, como el conjunto de la mente, las emociones y la voluntad.

Esta revelación que fue de gran relevancia y un fundamento sin lugar a dudas para todos nosotros, ha ido creciendo y Dios está trayendo una nueva luz para analizarlos.

Estamos todos de acuerdo que definir el cuerpo tan sólo, como una masa compuesta por cabeza tronco y extremidades, sería quedarnos sumamente cortos ante lo que es esta maravillosa máquina de la física humana.

Nuestro organismo está compuesto por ocho sistemas y múltiples órganos interconectados entre sí. Entre los sistemas están el sistema cardiovascular, el respiratorio, el digestivo, el nervioso, el óseo, el muscular, el reproductor y el inmunológico. Además, a niveles microscópicos hay una gran cantidad de cosas que están ocurriendo en la química cerebral y en el interior de las células. El cuerpo humano es tan complejo y está creado en una forma tan sobrenatural que todavía la ciencia moderna no lo ha logrado descubrir en su totalidad.

De esta misma manera nuestro espíritu y nuestra alma están hechos de una serie de sistemas y órganos que les permiten discernir y conocer tanto el mundo espiritual como el natural.

Como dije anteriormente, el espíritu del hombre no tiene acceso al mundo natural a no ser a través del alma.

Permíteme darte un ejemplo claro.

Voy a comparar nuestro espíritu con una película grabada en un DVD; si no tengo un aparato reproductor de DVDs jamás podré ver la película, este reproductor tiene un decodificador que traduce lo que está grabado en la superficie del disco, a una imagen visual en mi televisor, permitiéndome ver la película.

El alma es ese reproductor de materia espiritual que decodifica las cosas del espíritu y las dimensiones del reino invisible y las hace comprensibles, visibles y audibles.

El alma es lo que hace al ser humano un ser diferente de cualquier otro espíritu angélico o demoníaco.

Es la maquinaria perfecta que unida al espíritu, le da al hombre la capacidad de gobernar y de interpretar cualquier dinámica espiritual ya sea de Dios o del diablo.

El alma del hombre, abarca todo lo que es, el espíritu humano. Es como un espejo que refleja todo lo que es el espíritu para luego decodificarlo. Una vez que el alma interpreta lo que viene del espíritu, lo transfiere al cuerpo, ya que las tres partes del ser están intrínsecamente ligadas entre sí.

El alma, al tener los mismos componentes que el espíritu, puede subsistir de forma autónoma y ser independiente del espíritu.

Ahora bien, Dios creó el alma del hombre para que el hombre pudiera interpretar nada menos que el Espíritu de Dios, el cual moraba en Adán. Esto hacía que esta extraordinaria maquinaria jamás antes creada fuera tan codiciada por satanás.

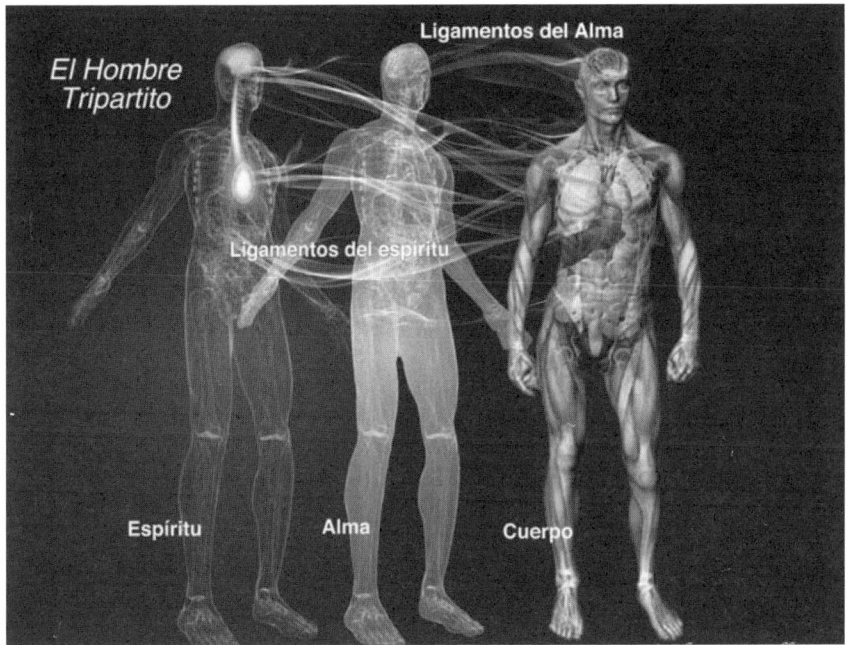

Fig. 1 Hombre Tripartito

Un aparato que si bien podía interpretar, translucir y manifestar todo lo que era Dios, también podría interpretar a todo espíritu de las tinieblas. Un instrumento diseñado por el Creador para gobernar la Tierra.

Satanás sabía que entre todos los animales no había ninguno en quien pudiera poner un espíritu de humanismo, o de hechicería o de drogadicción ni de tantos otros como estos. Sólo, el imponente alma del hombre podría contenerlos y traslucir sus pensamientos y conducta.

3. La Identidad Pierde La Fuente de Su Procedencia

Satanás, viendo la grandeza y la perfección del alma, la codicia para sí mismo. Este es el instrumento que de apoderarse de él, le daría acceso al gobierno de la tierra y a la destrucción de sus nuevos adversarios, los hijos de Dios. Entonces maquina su plan y posee a la astuta serpiente para engañar al hombre y a su mujer.

El alma tenía dentro de sus complejos órganos, uno muy especial llamado el libre albedrío o la capacidad de escoger. Si el diablo lograba sembrar la duda en el corazón de ellos en cuanto a la palabra que Dios les había dado, obtendría sus objetivos.

Dios había dicho:

> *mas del árbol de la ciencia del bien y del mal no comerás; porque el día que de él comieres, ciertamente morirás.*
>
> *Génesis 2:17*

> *Entonces la serpiente dijo a la mujer: No moriréis; sino que sabe Dios que el día que comáis de él, serán abiertos vuestros ojos, y seréis como Dios, sabiendo el bien y el mal.*
>
> *Génesis 3:4-5*

Comer del árbol de la Vida era la provisión divina para que el hombre viviera eternamente en el Paraíso, y el árbol de la ciencia del bien y del mal era la alternativa, era el activador del reino de las tinieblas que separaría al hombre de su Padre y de Su Dios. La consecuencia de haber comido de éste, fue la separación de las dimensiones del Espíritu de las de la tierra; y lo sigue haciendo en aquellos que se siguen nutriendo de él.

Cuando Adán y su mujer dieron este paso y decidieron comer del conocimiento alternativo, murieron a la comunión con Dios.

Su espíritu cayó en estado de adormecimiento y el alma del hombre que estaba recubierta por el resplandor de Su espíritu, quedó desnuda y condenada a muerte. Es la condición del espíritu ya sea vida o muerte (adormecimiento) la que determina el destino final del alma.

Tras la caída el señorío y el poder dejaron de estar en potestad del espíritu y ahora el alma sería reina y señora del ser humano, gobernada por el conocimiento y sabiduría de las tinieblas.

En ese momento surge el "ego" o el "yo" del hombre, el cual se opone al espíritu, lo mismo que los dos árboles se oponen entre sí.

El árbol de la Vida es Jesucristo, quien es la luz del conocimiento eterno. La Luz primera, que ilumina el entendimiento del espíritu para conocer a Dios y sus insondables misterios. Es la vida misma del espíritu que vivifica todo el ser; espíritu, alma y cuerpo, para llenarlo de Su misma esencia eterna.

El hombre que ha sido concebido de la vida del Espíritu de Dios, por medio de Jesucristo, sabe que es un Hijo de Dios y recibe de Él Su Identidad.

El alma despojada de Dios, está bajo la luz de la ciencia y del conocimiento terrenal. Lo mismo que el hombre religioso o carnal, está en tinieblas y siente el vacío interior que proviene de su espíritu dormido. Se siente huérfano y su identidad depende del valor y las palabras que otros le digan, o de un mundo de fantasía creado por sí misma.

El "ego" se volvió un dios, como se lo había dicho la serpiente a la mujer, pero uno que no sabe ser dios, ni tiene las respuestas, ni el poder que debiera tener como tal. Vive de la mentira de un título que lo infla y lo alimenta, aterrorizado de tener que enfrentarse a su propio engaño y que se le venga abajo su mundo de naipes.

Capítulo 2

EL RENCUENTRO CON NUESTRO ESPÍRITU

1. Primer y Postrer Adán

El Hombre perdió su estado original y la posibilidad de volver a encontrarse otra vez con su Creador. Por más que quisiera el alma caída, no podía encontrarse con Dios porque son dos naturalezas diferentes e incompatibles. Dios es luz y es Santidad, y el hombre es tinieblas y pecado.

Sólo Dios podía como Creador componer lo que se había descompuesto, vivificar lo que había muerto. Dios tenía que crear la manera en que el alma del hombre pudiera volver a ser formada en su diseño original y reconectada a su espíritu para recibir una vez más el flujo de la vida eterna y divina.

El Espíritu del Hombre

Eso es lo que Jesús vino a hacer al mundo. Restaurar lo que se había perdido. Por eso se tuvo que hacer carne y alma, para destruir como hombre el reino de las tinieblas, el pecado, la enfermedad y la muerte. Hecho esto, se sentó en el trono de gloria en los cielos como el "Postrer Adán" habiendo unido la naturaleza humana otra vez a la divina.

Tuvo que retomar la posición de gobierno y dominio sobre toda la Tierra pero ahora con el Título de Rey de reyes y Señor de señores.

La muerte entró por un hombre, pero también por un hombre la resurrección de los muertos.

Por tanto, como el pecado entró en el mundo por un hombre, y por el pecado la muerte, así la muerte pasó a todos los hombres, por cuanto todos pecaron.
Romanos 5:12

Porque así como en Adán todos mueren, pero también en Cristo todos serán vivificados.
1 Corintios 15:21-22

Así también está escrito: Fue hecho el primer hombre Adán alma viviente; el postrer Adán, espíritu vivificante.
1 Corintios 15:45

2. El Reino de Dios es Espiritual

El primer Adán perdió el acceso al Reino de Dios el cual es una dimensión espiritual. Jesús el Postrer Adán, vino a traer el Reino de Su Padre para que el hombre unido a Su Espíritu, pudiese volver a disfrutar de Él.

Entre las muchas verdades que Jesús vino a establecer, hay cuatro que me parecen fundamentales para este tema.

A) En Jesús se Unen Otra Vez los Cielos y la Tierra

...que hizo sobreabundar para con nosotros en toda sabiduría e inteligencia, dándonos a conocer el misterio de su voluntad, según su beneplácito, el cual se había propuesto en sí mismo, de reunir todas las cosas en Cristo, en la dispensación del cumplimiento de los tiempos, así las que están en los cielos, como las que están en la tierra.

Efesios 1:8-10

Cómo acabamos de leer, fue la voluntad de Jesús el reunir otra vez todas las cosas, así las que están en el cielo como en la Tierra. Esto sucedió cuando Jesús murió en la cruz y luego resucitó habiendo cumplido todo lo que de Él estaba escrito.[2]

Esto significa que ya no hay división entre las dos dimensiones. **En Jesús**, el hombre vuelve a estar en la misma condición que el primer Adán, teniendo acceso a todo lo que está en el cielo y en la Tierra.

Aquí la clave está en entender las palabras **En Jesús**, ya que ellas denotan una posición espiritual en que el hombre ha sido revestido, sumergido y lleno del Espíritu de Cristo.[3]

Como decía el Apóstol Pablo:

> *Porque en él vivimos, y nos movemos, y somos; como algunos de vuestros propios poetas también han dicho: Porque linaje suyo somos.*
>
> *Hechos 17:28*

Lo que Jesús hizo fue traer la realidad espiritual del cielo y al hacerlo, la hizo accesible otra vez a nosotros.

> *Acerquémonos, pues, confiadamente al trono de la gracia, para alcanzar misericordia y hallar gracia para el oportuno socorro.*
>
> *Hechos 4:16*

El trono de Su gracia, no se refiere simplemente a recibir de Él la gracia, como una forma de hablar sino que es una dimensión real, a la que podemos entrar y recibir de Él.

Pensar que tenemos la posibilidad de entrar a las dimensiones del cielo es algo inconcebible para la mente natural, porque el alma caída no puede percibir tal grandeza, pero el espíritu redimido, sí.

> *Pero el hombre natural no percibe las cosas que son del Espíritu de Dios, porque para él son locura, y no las puede entender, porque se han de discernir espiritualmente.*
>
> *1 Corintios 2:14*

Para entender esto es necesaria la segunda verdad que quiero resaltar.

B) Es Necesario Nacer del Agua y del Espíritu

Nacer de Nuevo se ha hecho un cliché, y una frase común en el vocabulario Cristiano. Pero desgraciadamente se ha perdido en la mayoría de los casos la profundidad de este vital acontecimiento.

El espíritu está en estado de muerte o dormido por causa del pecado y es vivificado y engendrado cuando venimos a Cristo.

Este es el engendramiento del cual habla la Palabra, en Juan capítulo uno.

> *Mas a todos los que le recibieron, a los que creen en su nombre, les dio potestad de ser hechos hijos de Dios; los cuales no son engendrados de sangre, ni de voluntad de carne, ni de voluntad de varón, sino de Dios.*
>
> *Juan 1:12-13*

Hay una diferencia entre ser engendrado y ser nacido.

Es como cuando un vientre es concebido. El hijo ya está vivo, ya tiene existencia pero no ha nacido a este mundo. Tiene que pasar nueve meses sumergido en el líquido amniótico para después salir de la matriz y nacer al mundo natural. Durante este tiempo el feto sumergido en las aguas que lo nutren, está en proceso de formación, para que completado el tiempo el bebé pueda funcionar, ver, oír, sentir y moverse en el nuevo mundo al que va a nacer.

Lo mismo le sucede a nuestro espíritu, somos engendrados por la simiente divina que es Jesús y después es nuestra responsabilidad mantenernos en las aguas del Espíritu de Dios. Esto se obtiene a través de:

La adoración y la comunión íntima con el Padre, el Hijo y el Espíritu, por medio de los cuales bebemos de las aguas vivas.

mas el que bebiere del agua que yo le daré, no tendrá sed jamás; sino que el agua que yo le daré será en él una fuente de agua que salte para vida eterna.

Juan 4:14

Dios es Espíritu; y los que le adoran, en espíritu y en verdad es necesario que adoren.

Juan 4:24

Por la santificación, y el lavamiento por medio del estudio y meditación de la Palabra de Dios.

*Maridos, amad a vuestras mujeres, así como Cristo amó a la iglesia, y se entregó a sí mismo por ella, para santificarla, habiéndola purificado en el **lavamiento** del agua por la palabra,*

Efesios 5:25-26

C. Los Nacidos del Espíritu han Entrado a la Dimensión del Cielo

Jesús al introducir el tema de un nuevo nacimiento en el espíritu, está hablando de la entrada al ámbito del cielo.

Ser "Nacido de Dios" no es ser miembro de una Iglesia y leer las escrituras. Jesús claramente nos enseña cómo son y que características tienen. Ellos pueden Ver el Reino invisible de Dios porque han entrado al Reino de Su Padre y son como el viento, que no se sabe de donde viene ni a donde va.

Veamos esta verdad desde un ángulo más profundo para entender las verdades celestiales que Jesús quiso trasmitirle a Nicodemo.

Respondió Jesús y le dijo: De cierto, de cierto te digo, que el que no naciere de nuevo, **no puede ver el reino de Dios.**

Juan 3:3

Respondió Jesús: De cierto, de cierto te digo, que el que no naciere de agua y del Espíritu, no puede entrar en el reino de Dios. Lo que es nacido de la carne, carne es; y lo que es nacido del Espíritu, espíritu es. No te maravilles de que te dije: Os es necesario nacer de nuevo. El viento sopla de donde quiere, y oyes su sonido; mas ni sabes de dónde viene, ni a dónde va; así es todo aquel que es nacido del Espíritu.

Juan 3:5-8

No te maravilles de que te dije: Os es necesario nacer de nuevo.

El viento sopla de donde quiere, y oyes su sonido; mas ni sabes de dónde viene, ni a dónde va; así es todo aquel que es nacido del Espíritu.

Juan 3:5-8

Nuestro espíritu que ha estado dormido ha recibido la vida de Jesús tras arrepentirnos de nuestra vana forma de vivir e invocarlo con todo conocimiento de causa. Ahora tiene que formarse, tienen que irse despertando todas las áreas de nuestro espíritu que jamás hemos usado ni sabíamos que existían.

Por eso, es tan importante conocer nuestro espíritu y cómo es que funciona, porque así nos daremos cuenta de las partes que aún necesitan ser desarrolladas.

Jesús el Hijo de Dios vivió en la tierra, como un verdadero "Nacido de nuevo", conociendo y viviendo en las dos dimensiones al mismo tiempo. Cuando Él dice a Nicodemo que los nacidos de Dios son cómo el viento está hablando del "Ruah[4]", del viento de Dios en el espíritu del hombre.

El viento es el único elemento que se mueve separado de la tierra. Porque no es de la tierra sino del Espíritu. Todos los otros elementos, la tierra, el fuego y el agua están conectados con la materia física, más no el viento.

El viento tiene un depósito celestial. Los científicos pueden medir su intensidad y su dirección pero no saben, lo que es, ni de donde viene.

Hace subir las nubes de los extremos de la tierra; Hace los relámpagos para la lluvia; Saca de sus depósitos los vientos.

Salmos 135:7

Los que son nacidos del Espíritu, han sido gestados dentro de Dios y Él los sopla y los dirige como Él quiere. Ellos están en el cielo y en la tierra al mismo tiempo, por eso "Ven" el Reino y se mueven en él.

*Si os he dicho cosas terrenales, y no creéis, ¿cómo creeréis si os dijere las celestiales? Nadie subió al cielo, sino el que descendió del cielo; el Hijo del Hombre, **que está en el cielo.***

Juan 3:12-13

Note que Jesús dijo esto antes de su muerte y ascensión al cielo. El le está diciendo a Nicodemo que al nacer del Espíritu se tiene acceso al cielo, y se puede estar en el cielo y en la Tierra al mismo tiempo.

Ahora bien, un espíritu despierto y avivado entiende esto, y si se encuentra en estado de formación y crecimiento interior, anhelará el momento de su nacimiento más que cualquier otra cosa.

Más un espíritu dormido, verá esto como algo imposible para el ser humano.

La realidad del Reino de Dios, es visible, audible y palpable para aquellos que han nacido de Dios. En ellos la semilla del Altísimo se ha formado en su interior y es manifestada en toda su forma de ser y de actuar.

> *Todo aquel que es nacido de Dios, no practica el pecado, porque la simiente de Dios permanece en él; y no puede pecar, porque es nacido de Dios. En esto se manifiestan los hijos de Dios, y los hijos del diablo: todo aquel que no hace justicia, y que no ama a su hermano, no es de Dios.*
>
> *Juan 3:9-10*

Esta es la verdadera condición de un espíritu despierto y vivificado por Dios, quien ha nacido al Reino de Dios.

D) El Reino de Dios es Invisible y Sólo Se Puede Discernir Espiritualmente.

El Reino de Dios es un reino del Espíritu.

Ésta es una dimensión diferente a la de la tierra, sus caminos y su sabiduría son más altos que los del mundo material y por lo tanto, sólo un espíritu despierto a Dios puede entrar en él y entenderlo.

Sin embargo, hablamos sabiduría entre los que han alcanzado madurez; y sabiduría, no de este siglo, ni de los príncipes de este siglo, que perecen. Mas hablamos sabiduría de Dios en misterio, la sabiduría oculta, la cual Dios predestinó antes de los siglos para nuestra gloria, la que ninguno de los príncipes de este siglo conoció; porque si la hubieran conocido, nunca habrían crucificado al Señor de gloria.

1 Corintios 2:6-8

El mundo y su forma de ver y analizar las cosas, su sabiduría y sus metas son muy diferentes a las de Dios.

Los Príncipes de Israel, sus sacerdotes, escribas y doctores de la ley en el tiempo de Jesús, no conocían las cosas del espíritu. Su sabiduría y su entendimiento tenían una lógica y un discernimiento carnal, porque sus espíritus estaban dormidos en la condición del primer Adán. Por eso cuando Jesús les dijo que su Reino no vendría visiblemente ni se localizaría en algún lugar de la Tierra, incluyendo Jerusalén, se ofendieron y lo descalificaron como posible Mesías.

Preguntado por los fariseos, cuándo había de venir el reino de Dios, les respondió y dijo: El reino de Dios no vendrá visiblemente, ni dirán: Helo aquí, o helo allí; porque he aquí el reino de Dios está entre vosotros (en vuestros corazones y alrededeador vuestro.)

Lucas 17:20 Biblia amplificada

La Sabiduría de Dios por el Espíritu, es la del Cielo. Es la mente ilimitada de Cristo. Es el diseño de Dios para nosotros que conozcamos los misterios de Dios y lo inescrutable de sus pensamientos, porque esto es lo que reviste al hombre de gloria.

> *Antes bien, como está escrito: Cosas que ojo no vio, ni oído oyó, Ni han subido en corazón de hombre, Son las que Dios ha preparado para los que le aman. Pero Dios nos las reveló a nosotros **por el Espíritu; porque el Espíritu todo lo escudriña, aun lo profundo de Dios.** Porque ¿quién de los hombres sabe las cosas del hombre, sino el espíritu del hombre que está en él? Así tampoco nadie conoció las cosas de Dios, sino el Espíritu de Dios.*
>
> *1 Corintios 2:9-11*

El Espíritu despierto de un hijo de Dios, es por naturaleza escudriñador. No es pasivo, ni está esperando que otros le den las respuestas. Él sabe que en Dios puede conocer todas las cosas y no descansa hasta que sus inquietudes les son contestadas.

Una de estas grandes preguntas, es el eje medular de nuestro estudio ¿Cómo es el espíritu del hombre, y cómo opera?

*Porque ¿quién de los hombres sabe las cosas del hombre, sino el **espíritu del hombre** que está en él?*

Es Nuestro espíritu el que sabe todo lo concerniente a quienes somos como hijos de Dios. Es el que conoce la identidad de quiénes realmente somos como hombres hechos a imagen de Dios.

El alma no sabe las cosas del hombre, nuestra mente carnal no tiene este conocimiento, ni lo puede entender, ni descifrar.

La Psicología y la psiquiatría con todos sus grandes doctores, no pueden entender quién es el hombre, ni cómo funciona. Muchos de ellos piensan que venimos del mono. Por eso cuando un caso de desorden mental les es demasiado complicado, lo solucionan llenando al paciente de medicamentos.

¿Cómo podía Nicodemo entender que Jesús estaba en el Cielo y en la Tierra al mismo tiempo, o que alguien pudiera ser como el viento?

Jesús habló en el lenguaje y en la sabiduría del Espíritu porque sus palabras eran Espíritu y eran vida.

> *El espíritu es el que da vida; la carne para nada aprovecha; las palabras que yo os he hablado son espíritu y son vida.*
>
> *Juan 6:63*

A los suyos vino, pero los suyos no le recibieron, porque amaron más sus almas en tinieblas con su lógica y doctrinas que la luz del Espíritu de Vida. Pero las palabras de Jesús quedaron eternamente en la Tierra para que todo el que las reciba, sea vivificado por Su Espíritu.

En nuestro espíritu es donde entendemos todo lo que nos ha sido concedido de parte de Dios. No vivimos esperando el momento de nuestra muerte para entender cómo fuimos conocidos, sino que Él se manifiesta en nosotros y nos lo revela.

Y nosotros no hemos recibido el espíritu del mundo, sino el Espíritu que proviene de Dios, para que sepamos lo que Dios nos ha concedido, lo cual también hablamos, **no con palabras enseñadas por sabiduría humana, sino con las que enseña el Espíritu,** *acomodando lo espiritual a lo espiritual.*

1 Corintios 2:11-13

El espíritu tiene una forma de expresarse, tiene palabras diferentes que son las que nos da el Espíritu, ya que la realidad invisible tiene una física, una dinámica y una complejidad que no existen en el plano de lo material.

Por eso, es que el hombre carnal o anímico no entiende de qué estamos hablando, porque le suena a algo que no es de este mundo.

Entonces le pone adjetivos como "eso es locura", "eso no es posible", "eso suena a nueva era", "eso es fantasía", o blasfeman al Espíritu Santo criticando lo que no entienden.

Pero el hombre natural no percibe las cosas que son del Espíritu de Dios, porque para él son locura, y no las puede entender, porque se han de discernir espiritualmente. En cambio, el espiritual juzga, las examina, las investiga, se hace preguntas al respecto y discierne todas las cosas; pero él a su vez no es juzgado de nadie. (el puede extraer el significado de todas las cosas pero nadie lo puede apreciar o interpretar correctamente ni discernir lo que hay dentro de él)[5]

1 Corintios 2:14-15 Biblia amplificada

Porque ¿quién conoció la mente del Señor? ¿Quién le instruirá? Mas nosotros tenemos la mente de Cristo.

1 Corintios 2:16

La mente natural no puede entender los pensamientos de Dios y tampoco puede discernir al creyente que ha alcanzado el nivel de madurez, producto de haber nacido del Espíritu de Dios. Esta estatura espiritual, es el fruto de estar nuestro espíritu fundido con el de Dios. De esta manera Él pone en nosotros la mente de Cristo.

Notas:

[2] Varias escrituras nos hablan del cumplimiento de los tiempos entre ellas Hebreos 9:26 De otra manera le hubiera sido necesario padecer muchas veces desde el principio del mundo; pero ahora, en la consumación de los siglos, se presentó una vez para siempre por el sacrificio de sí mismo para quitar de en medio el pecado. Lucas 24:44 Y les dijo: Estas son las palabras que os hablé, estando aún con vosotros: que era necesario que se cumpliese todo lo que está escrito de mí en la ley de Moisés, en los profetas y en los salmos.

[3] Recomiendo leer el Libro "Sumergidos en Él" por mi esposo Emerson Ferrell para entender lo que significan estas poderosas palabras.

[4] Ruah, palabra hebrea que significa viento

[5] Biblia Amplificada 1Corinthians 2:15 But the spiritual man tries all things [he examines, investigates, inquires into, questions, and discerns all things], yet is himself to be put on trial and judged by no one [he can read the meaning of everything, but no one can properly discern or appraise or get an insight into him].

SECCIÓN II

LA ANATOMIA DEL ESPÍRITU

Capítulo 3
La Vision de Nuestro Espíritu

Cuándo me di cuenta que sólo podía saber quien era yo al conocer mi espíritu, me inquietó el saber qué poco sabíamos los hijos de Dios acerca de este tema. Empecé a buscar por todos lados libros o documentos que pudieran darme luz de por dónde empezar.

Lo único que pude encontrar fue la trilogía "El hombre espiritual" del Dr. Watchman Nee quién la escribió a fines del siglo XIX y "Mi cuerpo, Su Vida" del Dr. Paul Trulin en la década de los 80.

Los dos hablaban de algunas de las funciones del espíritu o del fruto y los dones espirituales, pero ninguno describía nuestro espíritu. ¿Cómo era? ¿Cuál era su forma o su anatomía? ¿Cómo funcionaba? ¿Cómo nos podíamos conectar con él para descubrirlo y usarlo en toda su capacidad?

Lo más que encontré en estos dos libros fueron unas gráficas identificando tres simples componentes: La comunión, la intuición y la conciencia. Pero esto era para mí, como pensar que mi cuerpo tan sólo tuviera tres grandes masas de carne llamadas: Cabeza, tronco y extremidades.

Algo en mi interior me decía que de la misma manera que nuestro cuerpo es un conjunto de sistemas y órganos magistralmente orquestrados entre sí, el alma y el espíritu, eran similarmente complejos.

Sabía que teníamos ojos espirituales y oídos para ver y oír a Dios. Había escuchado que en cielo había un depósito de órganos y que los ángeles descendían y se los daban a los que tenían partes del cuerpo atrofiadas. Vi muchas veces milagros ocurrir de esta manera y esos órganos y partes del cuerpo que venían del mundo invisible, obviamente eran espirituales en su origen. Primero eran espirituales y luego se manifestaban en la carne.

Todo esto y muchas otras experiencias en el Espíritu, me llevaron a escudriñar la mente de Cristo y a pedirle que me mostrara el espíritu del hombre.

Quería saber cómo éramos. La misma curiosidad que un estudiante de medicina tiene por descubrir cómo funciona la apasionante máquina de nuestro cuerpo, yo la tenía para descubrir nuestro ser interior.

Una noche, tras mucho ayunar e inquirir en Dios, el Señor me visitó y vi delante de mí el espíritu del hombre.

Me quedé extasiada y maravillada al poder contemplar cómo éramos a imagen y semejanza de Dios.

Desde luego, estaba viendo algo que mi mente no podía concebir en palabras humanas, veía maravillada, pero no entendía toda esa impresionante configuración, era tan sólo el principio de una mina de oro en conocimiento celestial que se abría ante mis ojos.

Era realmente la manifestación de la palabra:

"Cosas que ojo no vio ni oído oyó, ni han subido en corazón de hombre".

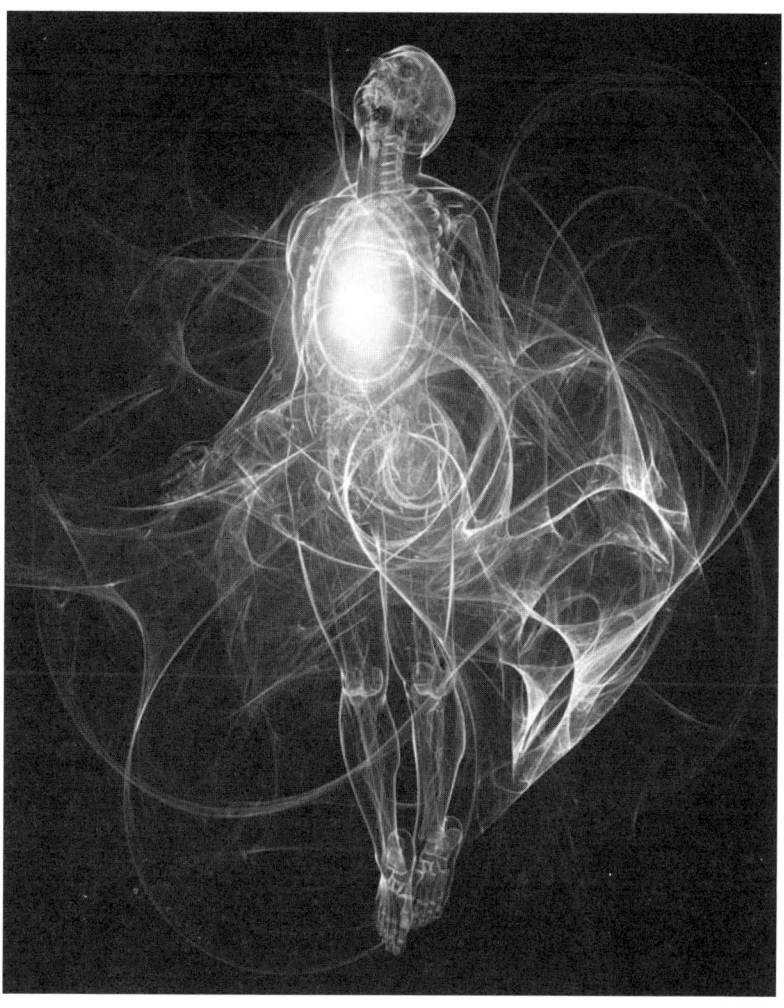

Fig. 2 Primera visión del espíritu del hombre

Tratar de dibujarlo ha sido muy complejo porque son muchos sistemas entrelazados que se fueron desvelando y manifestando ante mis ojos uno a uno. Así que decidí tratar de dibujar uno por uno e irlos desglosando de esta manera.

Tras la primera visión, empezó la enseñanza, y Dios me dio este misterioso pasaje de la Biblia. (Puse entre paréntesis la interpretación de las frases, para ayudar a su comprensión)

cuando temblarán los guardas de la casa, (las manos y los brazos de los viejos) y se encorvarán los hombres fuertes, y cesarán (el masticar de) las muelas porque han disminuido, y se oscurecerán (la vista) de los que miran por las ventanas;(Los ojos)

y las puertas de afuera (los labios) se cerrarán, por lo bajo del ruido de la muela; (que ya no pueden masticar)

cuando se levantará (al tenue sonido del canto) a la voz del ave, y todas las hijas del canto (la voz y el oído) serán abatidas;

cuando también temerán de lo que es alto, y habrá terrores en el camino; y florecerá el almendro,(cabello blanco) y la langosta (lo más ligero) será una carga, y se perderá el apetito; porque el hombre va a su morada eterna, y los endechadores andarán alrededor por las calles;

antes que la cadena de plata se quiebre, y se rompa el cuenco de oro, y el cántaro se quiebre junto a la fuente, y la rueda sea rota sobre el pozo;

y el polvo vuelva a la tierra, como era, y el espíritu vuelva a Dios que lo dio.

Eclesiastés 12:3-7

En este pasaje entre los versículos del 3 al 5 el rey Salomón, nos habla del momento en que el hombre está a punto de partir a su morada eterna. Vemos toda la descripción poéticamente escrita del desgaste total del cuerpo en la vejez y luego a partir del Versículo[6] seis, el momento en que el espíritu y el alma dejan el cuerpo. Es en este versículo donde el rey Salomón describe la configuración del espíritu del hombre.

Nota

[6]Interpretación en los paréntesis es añadido por la autora

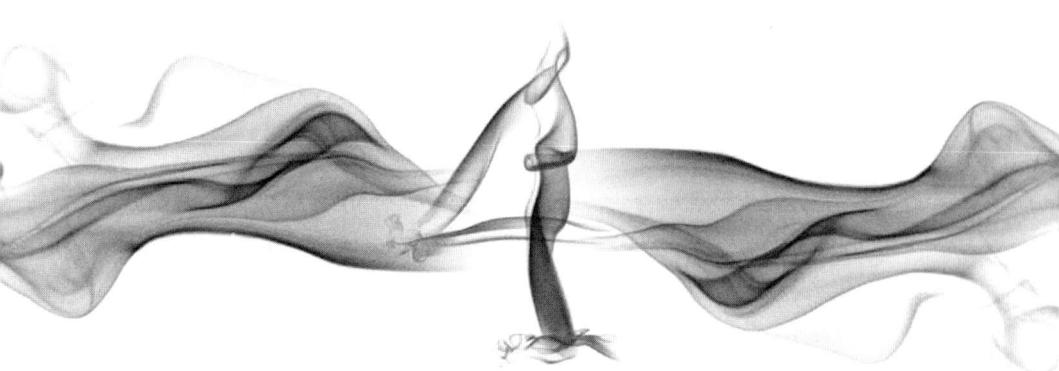

Capítulo 4
LA CADENA DE PLATA

Como dijimos anteriormente el ser humano es el único espíritu que fue creado para ser encarnado en un cuerpo físico. Ahora bien, el espíritu y el alma del hombre son de sustancia espiritual y el cuerpo de materia física. Dado que estos difieren en sustancia necesitan un elemento que los mantenga unidos, y ésta es la función de la cadena de plata.

La nueva era, la cual ha usurpado una gran cantidad de principios de la Biblia ha enseñado acerca de esta cadena llamándola "el cordón de plata". Estos principios sólo son válidos en el contexto en que Dios los habló, de no ser así, estos se corrompen.

El espíritu del hombre tiene la habilidad de dejar el cuerpo físico para entrar en el mundo espiritual.

Esta habilidad se la dio Dios al hombre, así lo creó. Esto no lo inventó el diablo, es un diseño de Dios.

El Espíritu de Dios llevó y sigue llevando a varios de sus profetas a lugares celestiales y sus cuerpos permanecen vivos en el plano terrenal. Tal es el caso de Ezequiel quién fue llevado en el espíritu a ver lo que ocurría en el templo de Jerusalén.

> *Y aquella figura extendió la mano, y me tomó por las guedejas de mi cabeza; y el Espíritu me alzó entre el cielo y la tierra, y me llevó en visiones de Dios a Jerusalén, a la entrada de la puerta de adentro que mira hacia el norte, donde estaba la habitación de la imagen del celo, la que provoca a celos.*
>
> *Ezequiel 8:3*

Esta expresión "ser tomado por las guedejas" nos habla de la parte superior de la cabeza de Ezequiel por donde él sintió que su espíritu era alzado entre el cielo y la Tierra.

En otras ocasiones fue llevado a la ciudad celestial.

En visiones de Dios me llevó a la tierra de Israel, y me puso sobre un monte muy alto, sobre el cual había un edificio parecido a una gran ciudad, hacia la parte sur.

> *Y me habló aquel varón, diciendo: Hijo de hombre, mira con tus ojos, y oye con tus oídos, y pon tu corazón a todas las cosas que te muestro; porque para que yo te las mostrase **has sido traído aquí.** Cuenta todo lo que ves a la casa de Israel.*
>
> *Ezequiel 40:2 y 4*

Aquí él expresa la experiencia como "visiones de Dios", sin embargo el ángel le dice que ha sido llevado ahí.

Experiencias semejantes las vemos en el nuevo testamento cuando el Apóstol Pablo es llevado al tercer cielo y no sabe si esto sucedió en el cuerpo o fuera del cuerpo.

Conozco a un hombre en Cristo, que hace catorce años (si en el cuerpo, no lo sé; si fuera del cuerpo, no lo sé; Dios lo sabe) fue arrebatado hasta el tercer cielo. Y conozco al tal hombre (si en el cuerpo, o fuera del cuerpo, no lo sé; Dios lo sabe), que fue arrebatado al paraíso, donde oyó palabras inefables que no le es dado al hombre expresar.

2 Corintios 12:2-4

También vemos a través de todo el libro del Apocalipsis al Apóstol Juan ser llevado de un lugar a otro, en el mundo espiritual.

Estas experiencias son bíblicas y parte de las habilidades de nuestro espíritu.

Recordemos que el diablo es un imitador y no un creador y conoce el mundo espiritual y las facultades del espíritu. Por siglos se las ha revelado a sus seguidores, los cuales torciendo todo y ayudándose de demonios hacen cosas con un poder que asombra a cualquiera.

Pero el diseño de Dios no es que ellos tengan poderes extraordinarios, sino que los tengamos nosotros en Cristo, para deshacer toda obra del diablo.

Por eso el Espíritu Santo quiere darnos esa sabiduría de Dios, que ninguno de los príncipes de este mundo, ni brujos ni hechiceros podrán jamás conocer.

Más adelante, cuando toque el tema de las funciones del espíritu, ahondaré con más detalle en el análisis de estas. Por lo pronto, estamos describiendo la anatomía y las partes del espíritu.

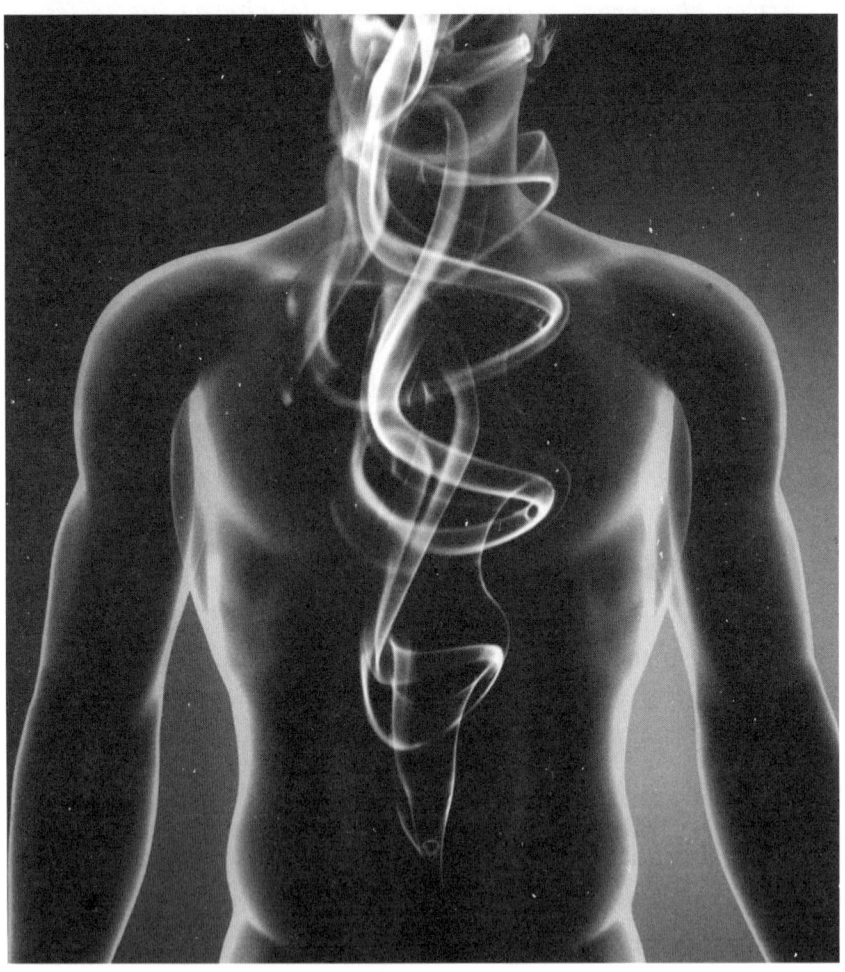

Fig. 3 La Cadena de Plata

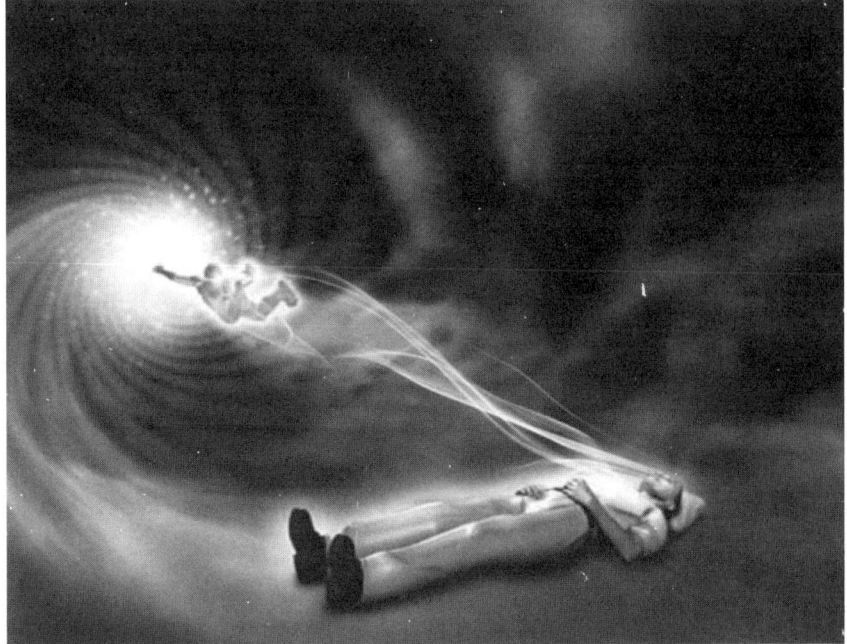

Fig. 4 Hombre Entrando en la Dimensión del Espíritu

Cabe destacar en este punto, que entrar en las dimensiones del espíritu es una experiencia muy diferente a un viaje astral. A partir de la página 227 explico, con detenimiento las puertas espirituales.

Primero, Dios es el que inicia la experiencia y no el hombre. El Apóstol Juan, en la descripción de sus vivencias en la Isla de Patmos, dice que él estaba en el Espíritu. Una vez que él está en este estado puede experimentar a Jesús en su Gloria (Apocalipsis 1). Sin embargo Dios lo quiere llevar a lugares más altos y es Él mismo el que le dice "Sube acá". En ese momento él entra a una dimensión diferente donde puede ver toda la actividad celestial alrededor del trono de Dios. (Apocalipsis 4).

Por lo tanto, entrar en la dimensión del espíritu, o estar en el espíritu, es una facultad que todos podemos tener; pero ser trasladado a dimensiones más altas, a otros lugares o viajar en el tiempo es una iniciativa que empieza en Dios y no en nosotros.

Cualquiera que sea la experiencia, cuando es de Dios, la persona nunca pierde su estado consciente, puede comunicarse con otros a su alrededor y narrar lo que está viendo. La experiencia puede terminar en el momento que se desee. Este fue el caso del Apóstol Juan que acabo de mencionar. Él estaba en todos esos lugares celestiales que leemos en el Apocalipsis, pero se los estaba hablando a su discípulo Procuros, quién es quien escribe el libro de puño y letra.[7]

Cuando una experiencia no es de Dios, es lo que se conoce como un viaje astral, la persona es sacada de su cuerpo por un espíritu guardián que mantendrá la conexión entre su cuerpo y su espíritu.

Dicha persona perderá conciencia y quedará en un estado de trance sin poder hablar con nadie. La experiencia no puede terminar a voluntad del viajero sino cuando el espíritu demoníaco lo regrese a su cuerpo.

Notas:

[7] La información histórica de cómo se escribió el Apocalipsis se encuentra documentada en el libro "La Isla llamada Patmos" (The Island called Patmos) escrito por William Edgard Geil. Harvard University 1896

Capítulo 5

EL CUENCO DE ORO

Vamos ahora a continuar con el siguiente elemento descrito por el Rey Salomón en el pasaje que estamos estudiando.

> *Antes que la cadena de plata se quiebre, y se **rompa el cuenco de oro,** y el cántaro se quiebre junto a la fuente, y la rueda sea rota sobre el pozo;*
>
> *Eclesiastés 12:6*

El cuenco de oro es el depósito donde entra la simiente de vida para vivificar nuestro espíritu. Es el lugar de donde mana la vida. Es el lugar santísimo de nuestro ser.

Hasta ahora se ha enseñado en los seminarios bíblicos, que nuestro ser tripartito es semejante a la composición del Tabernáculo de Moisés en el Antiguo Testamento.

Éste estaba constituido por tres partes que eran: Los atrios, el Lugar Santo y el Lugar Santísimo.

Lo cual hacía fácil el poderlo asemejar con las tres partes de nuestro ser. El cuerpo, el alma y el espíritu, respectivamente.

En el Lugar Santísimo era donde moraba la presencia de Dios dentro del "Arca del Pacto". Por esta razón los teólogos asemejaron éste, con nuestro espíritu.

Se creía que al entrar el Señor a nuestro corazón por medio de la conversión del creyente, el espíritu del hombre era totalmente santificado y todo en él, era lleno de Dios.

Esto que suena muy bien, no es precisamente la realidad de lo que acontece cuando Cristo viene a morar en sus hijos, ni es lo que dice la Biblia tampoco.

Nuestro espíritu al haber estado dormido por causa del pecado se fue llenando de iniquidad. Ésta fue corrompiendo nuestro ser interior, y si no es purgada fuera de nosotros, nuestro espíritu tendrá áreas que permanecerán dormidas.

El Apóstol Pablo, escribe a los Corintios diciéndoles:

> *Así que, amados, puesto que tenemos tales promesas, limpiémonos de toda contaminación de carne y **de espíritu,** perfeccionando la santidad en el temor de Dios.*
>
> *2 Corintios 7:1*

Y también el Profeta Malaquías habla de la infidelidad, como un pecado que afecta directamente el espíritu.

Porque Jehová Dios de Israel ha dicho que él aborrece el repudio, y al que cubre de iniquidad su vestido, dijo Jehová de los ejércitos. Guardaos, pues, en vuestro espíritu, y no seáis desleales.

Malaquías 2:16

Estas escrituras, sobre todo la primera, que está dirigida a los santos en Corintio, nos hace ver, que pese a que Cristo moraba en el corazón de los creyentes, ellos tenían que limpiar sus espíritus.

Si trato de entender esto, conforme a la analogía que se ha venido haciendo con el Tabernáculo, me voy a ver en el conflicto que Cristo no puede morar donde hay corrupción e iniquidad.

Si por el contrario, entendemos la anatomía de nuestro espíritu, vamos a ver que Cristo viene a morar a un lugar específico; éste es un lugar reservado para la presencia de Dios En el espíritu, llamado el "Cuenco de Oro".

Es en este lugar de donde mana la vida y donde pertenecemos a Dios, o a la muerte y al diablo, y está directamente conectado con el corazón espiritual y anímico del hombre.

Sobre toda cosa guardada, guarda tu corazón; Porque de él mana la vida.

Proverbios 4:23

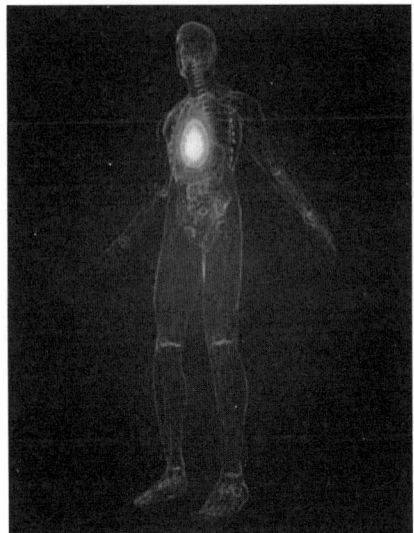
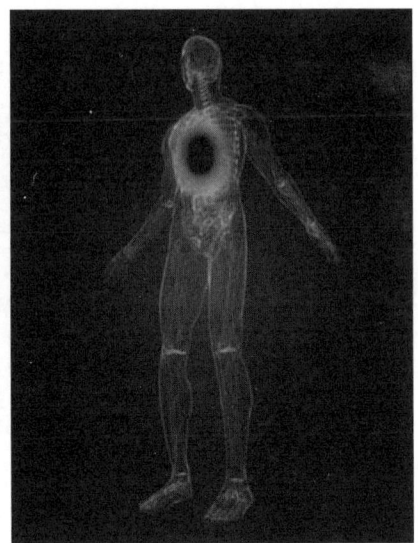

Fig. 5 El Cuenco de Oro   Fig.6 Cuenco de Oro
en Estado de Muerte

Cuando alguien está poseído por demonios, o bajo la potestad del diablo, lo está en el "Cuenco de oro". La muerte entró a Adán por este lugar. Es precisamente aquí donde se define la vida eterna o la perdición. Todo aquel que no se ha llenado de Jesús, su cuenco de oro está bajo la potestad de las tinieblas.

el cual nos ha librado de la potestad de las tinieblas, y trasladado al reino de su amado Hijo.

Colosenses 1:13

El cuenco de oro, es el altar de Dios que viera Ezequiel, de donde mana el rio de Dios en nuestro espíritu.

Me hizo volver luego a la entrada de la casa; y he aquí aguas que salían de debajo del umbral de la casa hacia el oriente;

Ezequiel 47:1a

El oriente representa el origen de donde provienen todas las cosas el cual es Dios mismo. Cuando el corazón se inclina al Padre para ser engendrado por Él, la simiente de vida entra en el cuenco de oro y empieza a producir las aguas del Espíritu.

Las aguas empiezan a manar para despertar y llenar de vida todo nuestro ser; espíritu, alma y cuerpo, a fin de que podamos nacer al Reino de Dios y a sus eternas dimensiones. El río está lleno de vida y donde quiera que estas aguas llegan y tocan, van vivificando y sanando todo nuestro ser interior.

> *y he aquí la gloria del Dios de Israel, que venía del oriente; y su sonido era como el sonido de muchas aguas, y la tierra resplandecía a causa de su gloria.*
>
> *Ezequiel 43:2*

> *Y toda alma viviente que nadare por dondequiera que entraren estos dos ríos, vivirá; y habrá muchísimos peces por haber entrado allá estas aguas, y recibirán sanidad; y vivirá todo lo que entrare en este río.*
>
> *Ezequiel 47:9*

La gloria y el fuego del Espíritu, resplandecen en estas aguas y traen sanidad a las aguas del espíritu, que habiendo estado dormido, se fue llenando de corrupción e iniquidad. De ahí se esparcen al alma, para formar la nueva creatura completa y hermosa que pueda manifestar a Dios. Una vez que ha inundado nuestro ser interior, empieza a manar para dar vida a todo aquel que de él beba.

Es, a esta parte del espíritu, al que Jesús se refirió al hablar con la mujer Samaritana que sacaba agua del pozo de Jacob.

Respondió Jesús y le dijo: Cualquiera que bebiere de esta agua, volverá a tener sed; mas el que bebiere del agua que yo le daré, no tendrá sed jamás; sino que el agua que yo le daré será en él una fuente de agua que salte para vida eterna.

Juan 4:13-14

El agua que proviene de este cuenco, proviene de Dios y es la única que puede saciar nuestra sed. Podemos beber el agua que mana de grandes hombres y mujeres de Dios, pero al cabo de un tiempo volveremos a tener sed, porque sólo bebiendo de nuestro propio cuenco, es cuando quedamos satisfechos. Es la fuente en nosotros mismos la que se conecta con Dios para producir esta agua viva. Esta viene cargada del verdadero amor, de revelación, de resurrección, de conocimiento de Dios, de misterios escondidos y de todo lo que necesitan nuestro espíritu y nuestra alma para nutrirse y crecer.

Este es el lugar de la comunión íntima entre Dios y el hombre. Donde se funden los dos espíritus, para formar un nuevo hombre. Es en este lugar, desde donde nuestro espíritu puede contemplar la gloria de Dios e irse formando a imagen deÉl. .

Porque el Señor es el Espíritu; y donde está el Espíritu del Señor, allí hay libertad. Por tanto, nosotros todos, mirando a cara descubierta como en un espejo la gloria del Señor, somos transformados de gloria en gloria en la misma imagen, como por el Espíritu del Señor.

2 Corintios 3:17-18

Es desde este lugar donde Jesús podía decir: "el que me ha visto a mí ha visto al Padre" y desde donde empezó el resplandor de la gloria a invadir todo Su ser en la transfiguración.

Es el arca del pacto dentro de nosotros, la verdadera habitación de Dios en el hombre, el templo de Su gloria en medio nuestro.

Es el lugar donde se lleva a cabo el matrimonio entre Jesús y Su esposa. De la misma manera que en el lecho nupcial se unen en una misma carne el hombre y su mujer, el Espíritu de Dios tiene que unirse al del hombre. Entonces dejamos de ser nosotros mismos para ser un solo Espíritu con Dios.

> *Pero el que se une al Señor, un espíritu es con él.*
>
> *1 Corintios 6:17*

El Apóstol Pablo habla de este gran misterio haciendo la comparación entre un matrimonio en lo natural y el de Cristo con Su Iglesia.

> *Así también los maridos deben amar a sus mujeres como a sus mismos cuerpos. El que ama a su mujer, a sí mismo se ama. Porque nadie aborreció jamás a su propia carne, sino que la sustenta y la cuida, como también Cristo a la iglesia, porque somos miembros de su cuerpo, de su carne y de sus huesos. Por esto dejará el hombre a su padre y a su madre, y se unirá a su mujer, y los dos serán una sola carne. Grande es este misterio; mas yo digo esto respecto de Cristo y de la iglesia.*
>
> *Efesios 5:28-32*

En este pasaje es clarísimo que para poder ser el cuerpo de Cristo, miembros de Su cuerpo, de Su carne, y de Sus huesos, necesariamente tenemos que unirnos en matrimonio con Él.

No podemos decir que somos Su cuerpo y estar esperando unas bodas en un futuro incierto, como algunos han estipulado.

Esto es un error terrible que le roba todo el poder, la comunión, los privilegios y derechos que la Iglesia tiene como esposa del Cordero.

Es esta unión matrimonial, el eje y el corazón del Evangelio. Es la poderosa petición que Jesús oró al Padre para que fuéramos uno con ellos, de la misma manera que ellos eran uno.

> *Mas no ruego solamente por éstos, sino también por los que han de creer en mí por la palabra de ellos, para **que todos sean uno; como tú, oh Padre, en mí,***
>
> ***y yo en ti**, que también ellos sean uno en nosotros; para que el mundo crea que tú me enviaste. La gloria que me diste, yo les he dado, para que sean uno, así como nosotros somos uno.*
>
> *Yo en ellos, y tú en mí, para que sean perfectos en unidad, para que el mundo conozca que tú me enviaste, y que los has amado a ellos como también a mí me has amado.*
>
> *Juan 17:20-22*

Es en este cuenco de oro, donde esa fusión de los dos espíritus produce la intimidad o el conocer a Dios.

Y esta es la vida eterna: que te conozcan a ti, el único Dios verdadero, y a Jesucristo, a quien has enviado.

Juan 17:3

En la Escritura, la palabra conocer en muchos casos se refiere al acto en que un hombre tiene intimidad con su mujer. Un ejemplo es el siguiente:

Conoció Adán a su mujer Eva, la cual concibió y dio a luz a Caín, y dijo: Por voluntad de Jehová he adquirido varón.

Génesis 4:1

Este mismo concepto, se aplica en sentido espiritual a la unión íntima o al "conocer" a Dios que es lo que produce la vida eterna en nosotros. Ésta última, no se refiere a nuestra inmortalidad, sino a la vida del Padre que se funde con la nuestra, para hacernos un Espíritu con Él.

Pues como el joven se desposa con la virgen, se desposarán contigo tus hijos; y como el gozo del esposo con la esposa, así se gozará contigo el Dios tuyo.

Isaías 62:5

Es el Espíritu de Dios unido al nuestro, lo que produce el agua de vida que sale de nuestro altar. El agua de esta fusión, es la que trae sanidad, y hace vivir todo lo que va tocando. Es la que engendra el plantío de Jehová, que son los hijos de Dios, llenos de ramaje y de fruto, que manifiestan la vida del Padre y por eso son medicina a la creación que gime.

*Y toda alma viviente que nadare por dondequiera que entraren **estos dos ríos,** vivirá; y habrá muchísimos peces por haber entrado allá estas aguas, y recibirán sanidad; y vivirá todo lo que entrare en este río.*

Ezequiel 47:9

Son dos ríos, porque es Dios y nosotros, pero es a la vez un sólo río, porque Él se ha unido a Su Esposa. Juntos producen estos árboles que son el plantío de Jehová que sanará la tierra.

Y junto al río, en la ribera, a uno y otro lado, crecerá toda clase de árboles frutales; sus hojas nunca caerán, ni faltará su fruto. A su tiempo madurará, porque sus aguas salen del santuario; y su fruto será para comer, y su hoja para medicina.

Ezequiel 47:12

El Espíritu y la Esposa unidos, son los que pueden llamar a un mundo perdido para que beba del agua de Dios.

*Y el Espíritu y la Esposa dicen: Ven. Y el que oye, diga: Ven. Y el que tiene sed, venga; y **el que quiera, tome del agua de la vida** gratuitamente.*

Apocalipsis 22:17

Sin esa unidad, sin esa intimidad, sin ese matrimonio, no tenemos nada mas que una religión. Una forma vacía que no produce vida ni frutos eternos.

Por eso Jesús oró al Padre, para que fuéramos uno en el Padre y en Él, y de esta manera el mundo pudiera creer en Él.

para que todos sean uno; como tú, oh Padre, en mí, y yo
en ti, que también ellos sean uno en nosotros; para que
el mundo crea que tú me enviaste.

Juan 17:21

El entendimiento y la vida que mana de este cuenco de oro, de esta cámara matrimonial, nos conecta en verdadera unidad con los demás cuencos llenos de Dios, de los demás hijos de Dios. Nos identificamos claramente y nuestra unidad no está basada en teologías, organizaciones y proyectos comunes, sino en el Espíritu de Dios que mana del uno al otro.

Dios no está dividido y los que son de Dios son verdaderos hermanos. Nuestra unión fue establecida desde antes de la fundación del mundo y aquí simplemente nos reconocemos. No nos conocemos según la carne sino según el Espíritu, de la misma manera que conocemos al Señor Jesús.

De manera que nosotros de aquí en adelante a nadie
conocemos según la carne; y aun si a Cristo conocimos
según la carne, ya no lo conocemos así.

2 Corintios 5:16

Nuestro espíritu bulle al encontrarnos aquí en la tierra, como si nos conociéramos desde la eternidad, y esto es Dios, que se reconoce a Sí mismo en el uno y en el otro.

En esto se manifiestan los hijos de Dios, y los hijos del
diablo: todo aquel que no hace justicia, y que no ama a
su hermano, no es de Dios.

1 Juan 3:10

Nosotros sabemos que hemos pasado de muerte a vida, en que amamos a los hermanos. El que no ama a su hermano, permanece en muerte.

> *Todo aquel que aborrece a su hermano es homicida; y sabéis que ningún homicida tiene vida eterna permanente en él. En esto hemos conocido el amor, en que él puso su vida por nosotros; también nosotros debemos poner nuestras vidas por los hermanos.*
>
> *1 Juan 3:14-16*

Estamos tan acostumbrados a vernos conforme a todo lo que nos divide y la realidad es que todo lo que nos divide es carne, porque no sabemos movernos por el Espíritu, entendiendo nuestro propio espíritu y el de Dios.

El cuenco de oro, es la fuente del amor que une y hermana a todos los que son de Él.

A veces dejo que la vida y el amor que salen de mi cuenco de oro, toquen las almas de los que no conocen a Dios. En esos lugares donde quizás no sea fácil abrir la boca y predicar, simplemente me siento y dejo que el agua de vida fluya de mi espíritu y empiece a abrazar y amar los espíritus dormidos de los que me rodean.

Ellos no saben ni qué les está pasando, pero la luz divina los está iluminando, los está llenando de paz o de fe.

Tal vez, el que nunca había orado, sin saber por qué levanta una oración a Dios, o un clamor, o le da las gracias. Tal vez, empiece a sentir un deseo de arrepentirse de sus pecados y cambiar su vida. Sin una sola palabra hablada, nuestro espíritu unido a Dios hace palpable Su gloriosa presencia llenando la atmósfera.

Fig. 7 El Rio de Dios Emanando del Cántaro de Oro

Capítulo 6

EL CÁNTARO, LA FUENTE Y EL POZO

Antes que la cadena de plata se quiebre, y se rompa el
cuenco de oro, y el cántaro se quiebre junto a la fuente,
y la rueda sea rota sobre el pozo.

Eclesiastés 12:6

1. El Cántaro y La Fuente

El cántaro es el contenedor o vaso que le da forma al alma del hombre, la fuente es Dios mismo y el pozo es el corazón. Así como la vida de Dios está depositada en el cántaro de oro, el alma está contenida en un vaso espiritual. Éste la vincula al espíritu por medio de ligamentos que los interconectan entre sí y ambos comparten un órgano intermedio, el cual es el corazón.

71

El cántaro del alma abarca toda la forma de nuestro cuerpo, ya que es también el que le impartirá la energía vital a todo el organismo.

Más adelante en este estudio vamos a analizar estas interconexiones, lo mismo que el corazón. Lo que quiero que veas en este momento, es cómo nuestro ser interior está ligado e interconectado en todas sus partes.

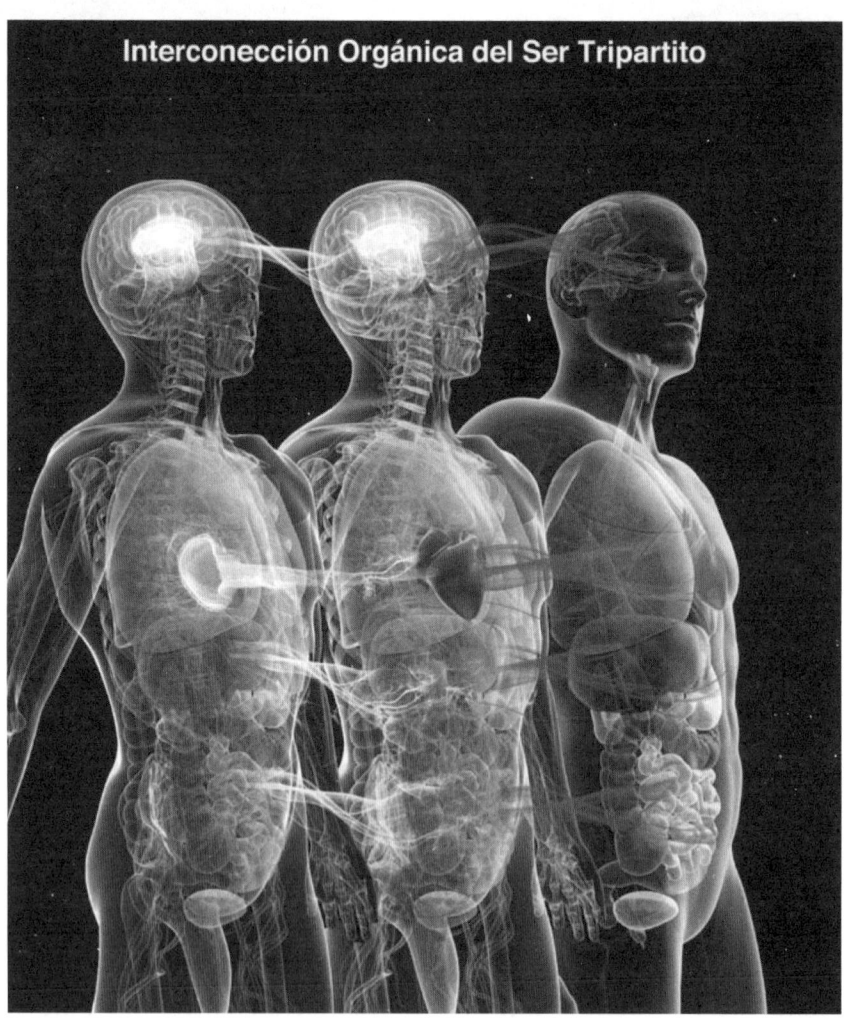

Interconección Orgánica del Ser Tripartito

Fig. 8 Interconexiones entre el Espíritu, el Alma y el Cuerpo

Sigamos entonces analizando las diferentes partes mencionadas en el libro de Eclesiastés.

Cuando el Señor me empezó a revelar la anatomía de nuestro ser, me llevó en visión a entender una singular perspectiva del diálogo entre Jesús y la mujer Samaritana frente al pozo de Jacob.

En la visión, Jesús representaba la fuente de vida dentro del cuenco de oro, y le estaba ofreciendo las aguas vivas del Espíritu al cántaro o alma, representado en la mujer.

Este diálogo, siempre me había parecido rarísimo, ya que si se mira en forma natural no tiene pies ni cabeza. Saltan de un tema a otro sin ninguna coherencia.

Fue extraordinario escuchar esta conversación desde este punto de vista tan diferente. El espíritu y el alma hablando el uno con el otro.

Así que veamos como se desenvuelve la historia. Vamos al Evangelio de Juan Capítulo 4 y voy a parafrasear el diálogo del Espíritu y cómo le contesta el alma.

El Espíritu –la Fuente- necesita romper el cántaro para hacer nacer una nueva creatura.

> *Y estaba allí el pozo de Jacob. Entonces Jesús, cansado del camino, se sentó así junto al pozo. Era como la hora sexta. Vino una mujer de Samaria a sacar agua; y Jesús le dijo: Dame de beber.*
>
> *Juan 4:6, 7*

El Espíritu de Dios (Jesús) se acerca al corazón del hombre (pozo) y el alma sedienta (la mujer samaritana) se acerca también a este lugar, de donde siempre extrae lo que le anima, y donde busca satisfacerse.

El Espíritu, con la intención que el alma se de cuenta de sus carencias y de lo inútil que es buscar dentro de su corazón la solución a su sed, la desafía a que le de beber.

> *La mujer samaritana le dijo: ¿Cómo tú, siendo judío, me pides a mí de beber, que soy mujer samaritana? Porque judíos y samaritanos no se tratan entre sí.*
>
> *Juan 4:9*

El alma y la mente carnal siendo enemigas del Espíritu, le responden con la lógica de un razonamiento acostumbrado a no querer saber las cosas del Espíritu.

> *Respondió Jesús y le dijo: Si conocieras el don de Dios, y quién es el que te dice: Dame de beber; tú le pedirías, y él te daría agua viva.*
>
> *Juan 4:20*

El Espíritu, paciente como siempre, ilumina el entendimiento del alma haciéndole saber que hay cosas que le han sido concedidas de parte de Dios, de las cuales es ignorante. El alma es despertada en su curiosidad y en su anhelo de conocer los misterios que jamás ha podido descifrar. Ahora tiene una nueva sed, algo que jamás a oído, la ha inquietado: ¿agua viva?

¿Como será eso? Se pregunta. El Espíritu no tiene todas estas fórmulas, programas y estructuras que me han satisfecho toda la vida.

¿En qué piensa contener agua, si no tiene un contenedor para retenerla y que no se desparrame? Yo, sólo me he saciado con agua que puedo almacenar y controlar, y ¿Éste me propone un agua viva que es mejor que la de mi cubeta?

La mujer le dijo: Señor, no tienes con qué sacarla, y el pozo es hondo. ¿De dónde, pues, tienes el agua viva?

¿Acaso eres tú mayor que nuestro padre Jacob, que nos dio este pozo, del cual bebieron él, sus hijos y sus ganados?

Juan 4:11,12

El alma, religiosa por excelencia, en el amplio término de la palabra, siempre se apega a lo que conoce, a lo que le enseñaron sus padres, a sus tradiciones. Es ahí donde se siente segura. Este es su primer escudo para resistir la vida del Espíritu la cual es impalpable e incontenible, impredecible e insondable. Tiene terror de lo que no puede controlar y manejar.

Pero el Espíritu está vivo y está tocando las fibras más sensibles del alma, la está sacando de balance para que pueda ver su verdadera y eterna necesidad.

Finalmente el alma, empieza a ceder y un nuevo cuestionamiento surge en su interior. Mi corazón es profundo y lleno de necesidades, concluye. Es un pozo profundo e insondable repleto de cuevas y rincones escondidos, donde sólo yo tengo acceso. ¿Cómo puede alguien llegar a los lugares más recónditos de mi ser interior y sacar de ellos algo que sacie mi sed? Pero si soy sincera, ya me estoy cansando de venir a este pozo y seguir siempre sedienta.

Respondió Jesús y le dijo: Cualquiera que bebiere de esta agua, volverá a tener sed;

mas el que bebiere del agua que yo le daré, no tendrá sed jamás; sino que el agua que yo le daré será en él una fuente de agua que salte para vida eterna.

La mujer le dijo: Señor, dame esa agua, para que no tenga yo sed, ni venga aquí a sacarla.

Juan 4:13-15

El Espíritu interrumpe con gran habilidad todo ese ciclo de preguntas internas y se revela al alma, lo que sale de Su boca está vivó y reconecta al alma con lo eterno. Esta sola palabra hace vibrar el interior de todo el ser anímico que en un segundo hace contacto con su procedencia y su destino. Este es el anzuelo que la atrapa y hace brillar la luz de la esperanza sobre su más terrible miedo: la muerte; este es el verdugo que la ha dirigido toda la vida y la ha tenido bajo su servidumbre, súbitamente se da cuenta que éste en realidad no está en control de la vida como siempre se había auto convencido en su ego. Se da cuenta que necesita algo más que genuinamente la conduzca a las verdades eternas y entonces nunca más volverá a tener sed. Humillándose ante su incapacidad, finalmente le pide al Espíritu "Dame de esa agua".

Jesús le dijo: Ve, llama a tu marido, y ven acá.

Respondió la mujer y dijo: No tengo marido. Jesús le dijo: Bien has dicho: No tengo marido;

porque cinco maridos has tenido, y el que ahora tienes no es tu marido; esto has dicho con verdad.

Juan 4:16-18

Todo daba la impresión que estaba llegando al lugar correcto para recibir el agua viva, pero la disposición del alma en anhelar algo del Espíritu, no era suficiente para podérsela dar.

El alma, en su anhelo de satisfacer sus necesidades primordiales de existencia, se va casando con diferentes ideales. Piensa dentro de ella ¿Qué será lo que realmente me satisfice? Y decide que tal vez el encontrar un gran amor y tener una familia la haría grandemente feliz. Lo encuentra, forma la familia, pero al cabo del tiempo se da cuenta que aunque es una gran bendición, hay todavía un vacío que la tiene insatisfecha.

Entonces persigue un segundo ideal y se casa con él. ¡Voy a tener mucho dinero! Lo consigue tras grandes esfuerzos, pero llega a la conclusión que entre más acumula y más gasta, más aburrido se encuentra.

Decide entonces casarse con un tercer ideal algo mucho más importante que el dinero. La fama, el reconocimiento, el éxito de este mundo. Tras otro gran esfuerzo lo alcanza, es aplaudida por el mundo y su nombre y sus títulos están en las puertas de edificios y de calles. Pero llega a la misma conclusión. La verdadera satisfacción que sacia el alma, tampoco está ahí.

Entonces piensa en hacer algo más humanitario, anhela sentirse héroe, un verdadero altruista que ama a los pobres y a los necesitados. Pero tampoco consigue con esto saciar su sed.

Todo esto no ha hecho otra cosa que ir inflando el "ego", el "súper-yo", que ha ido alimentando con todas estas cosas.

El último intento del alma es el que considera más sublime y decide hacerse siervo de Dios.

Aprende todos los conceptos de la religión, se gradúa en la mejor universidad teológica.

Aprende a orar con el entendimiento, a adorar con los cantos establecidos, a redactar los mejores sermones. Tiene todas las respuestas conforme al manual de consejería para ayudar a sus fieles.

En el fondo lo que tiene es la forma vacía, pero no la esencia. Llama a Dios su hacedor, "su marido" y aunque en el fondo de su alma sabe que hay algo más que no ha alcanzado, ya no tiene fuerzas ni ganas de cambiar. Se ha llenado de tantas formulas, se ha embriagado de todo un vocabulario religioso que sabe muy bien que difiere de la realidad de su vida. El problema es que es demasiado doloroso para el alma reconocer que todo lo que procede de ella son obras muertas. Es desgarrador para ella pensar que sus justicias son como trapo de inmundicia delante de Dios.

> *Si bien todos nosotros somos como suciedad, y todas nuestras justicias como trapo de inmundicia; y caímos todos nosotros como la hoja, y nuestras maldades nos llevaron como viento.*
>
> *Isaías 64:6*

El alma que se ha llenado de religiosidad es la más difícil de ser tocada y transformada por el Espíritu de Vida, pero nada hay imposible para Dios.

Es ahí precisamente donde el Espíritu irrumpe y toca las puertas del corazón. "Cinco maridos has tenido y el que ahora tienes, no es tu marido"

Pero… "¡Jesús, tu eres mi marido!", grita el alma religiosa. Te canto cánticos de amor y sirvo en la iglesia todos los días, ¿qué, eso no es servirte a ti?

Y el Espíritu responde: estás casada con demasiadas cosas, con demasiadas teologías de hombres, con tradiciones que Yo nunca establecí. Mi Espíritu no se puede fundir con el tuyo, hasta que dejes todos esos maridos y te consagres a Mí para que conozcas como Yo soy, como Yo te he concebido.

Sólo entonces te puedo dar el agua de vida. El alma entonces se humilla y dice: "el que ahora tengo no es mi marido".

El alma ha reconocido ya su sed, su estado espiritual, pero aún así sus estructuras religiosas, siguen argumentando con el Espíritu.

El alma está enfocada en la tierra: "¿dónde es el lugar físico donde debo adorar?"

> *Le dijo la mujer: Señor, me parece que tú eres profeta.*
>
> *Nuestros padres adoraron en este monte, y vosotros decís que en Jerusalén es el lugar donde se debe adorar.*
>
> *Juan 4:19,20*

Jesús venía a establecer un reino en el Espíritu. La dispensación del alma sujeta a la ley cumpliendo formas y ordenanzas físicas, llegaba a su fin. Ahora se restablecería la unión de Dios con el Hombre y Dios se daría a conocer por medio del Espíritu, no por obras, sino por (la) gracia, por medio de la fe.

El alma siempre pone la mirada en la tierra y en la Jerusalén terrenal. Pero el Espíritu le abre el entendimiento y le dice que los tiempos han mudado, y que lo que era importante en otras generaciones, ahora va a ser traspuesto a la esencia de Dios, la cual es Espíritu.

Al alma le cuesta entender que Jesús haya dicho: "ya no se adorará más en Jerusalén", porque el alma es religiosa y terrenal por excelencia. Esto no quiere decir que ya no hay gente de Dios en Tierra Santa, sino que el centro de adoración no es ni será más, en lo terrenal sino en lo espiritual.

> *Jesús le dijo: Mujer, créeme, que la hora viene cuando ni en este monte ni en Jerusalén adoraréis al Padre.*
>
> *Vosotros adoráis lo que no sabéis; nosotros adoramos lo que sabemos; porque la salvación viene de los judíos.*
>
> *Mas la hora viene, y ahora es, cuando los verdaderos adoradores adorarán al Padre en espíritu y en verdad; porque también el Padre tales adoradores busca que le adoren.*
>
> *Dios es Espíritu; y los que le adoran, en espíritu y en verdad es necesario que adoren.*
>
> *Juan 4:21-24*

El Espíritu le habla al alma de cómo se manifiesta esta agua de vida. Primero proviene de nuestro interior y luego se exterioriza en la forma de una adoración espontánea y profética. El Espíritu dice: **es necesario** que adoren de esta manera, en espíritu y por medio de un alma alineada con la verdad. No da opción a muchos otros tipos de adoración.

El Espíritu nos lleva a toda esa introspección en que llevó a la mujer Samaritana, para convertirnos en verdaderos adoradores.

Es del cuenco de oro de donde procede la adoración que emana de nuestro interior.

Cada uno de nosotros debemos convertirnos en ese plantío de Jehová, que crece junto a la rivera del rio de Dios, produciendo ese sonido de aguas que surge de una adoración dirigida por el Espíritu de Dios. Somos el plantío, pero de nosotros sale también el rio. Y cuando adoramos de esta manera, unidos por el Espíritu, somos decenas y cientos y miles de arroyos de vida que producen la atmósfera donde Jesús el Rey de reyes, se manifiesta en Su gloria.

Y oí como la voz de una gran multitud, como el estruendo de muchas aguas, y como la voz de grandes truenos, que decía: ¡Aleluya, porque el Señor nuestro Dios Todopoderoso reina!

Apocalipsis 19:6

*y en medio de los siete candeleros, a uno semejante al Hijo del Hombre, vestido de una ropa que llegaba hasta los pies, y ceñido por el pecho con un cinto de oro. Su cabeza y sus cabellos eran blancos como blanca lana, como nieve; sus ojos como llama de fuego; y sus pies semejantes al bronce bruñido, refulgente como en un horno; **y su voz como estruendo de muchas aguas.***

Apocalipsis 1:13-15

Cuando los ríos están fluyendo de nuestro interior, es el Agua Viva de la voz de Jesús en Su gloria la que se escucha. El alma, es arrestada y envuelta en esta presencia. El cuerpo de Cristo se unifica y las aguas salen de los auditorios y de las casas para tocar la ciudad y hacer que todo se vivifique por medio de estas aguas.

Los hijos de Dios se vuelven árboles frondosos llenos de fruto del espíritu y lo que mana de ellos, su resplandor y su hermosura espiritual, que son sus hojas, sanan los cuerpos y la ciudad.

Ningún canto escrito, por hermoso e inspirado que sea, puede producir la vida y el impacto de la adoración que baja del cielo y asciende nuevamente a él. Los ángeles se añaden y todos los coros del cielo con ellos.

> *Le dijo la mujer: Sé que ha de venir el Mesías, llamado el Cristo; cuando él venga nos declarará todas las cosas.*
>
> *Juan 4:6-25*

El alma, no puede por sí misma reconocer al Mesías, presente frente a ella. Lo tiene enfrente y no lo puede discernir, sólo el espíritu puede reconocer al hijo de Dios y entender Su presencia en medio de su ser y en medio de su adoración. Sólo el espíritu que ha nacido de Dios, puede reconocer que Su reino y majestad, están en medio de nosotros aquí y ahora.

El alma no puede recibir el Espíritu del Mesías en ella misma, es el espíritu quien lo recibe, ella sólo se puede rendir a Su señorío.

Por eso la religión la cual está formada como una estructura dentro del alma, siempre está sintiendo que no puede alcanzar a Dios. Aunque Cristo se esté manifestando delante de ella, como no lo puede percibir, siempre seguirá buscando algo distinto; algo externo que le haga sentir que ese sí es el Mesías que estaba esperando.

El espíritu busca lo interno, donde mora Dios con el hombre, donde se unen cielos y tierra. El alma, o se rinde al reinado del espíritu o se quedará esperando sin poder jamás experimentar la gloria de Dios, que es Jesucristo.

El diálogo entre el Espíritu y el alma culmina cuando Jesús le dice:

Jesús le dijo: Yo soy, el que habla contigo.

Juan 4:26

Y Jesús le habla a tu alma en este momento, Yo soy el que habla contigo, escucha lo que quiero hacer en tu espíritu, y el que tenga oído que oiga.

Enseñándoles que guarden todas las cosas que os he mandado; y he aquí yo estoy con vosotros todos los días, hasta el fin de los siglos.

Mateo 28:20 B. T. [8]

2. El Pozo, El Corazón del Hombre

El corazón, es una de las partes más importantes de nuestro ser interior, y la puerta que conecta el espíritu y el alma.

La comprensión de éste órgano espiritual, abre toda una extensa gama de conceptos y ramificaciones. Por esta razón, para no desviarme del análisis del espíritu, que es en lo que quiero concentrarme primero, voy a dejar el estudio del corazón para más adelante en este libro.

Nota

[8]Biblia Textual

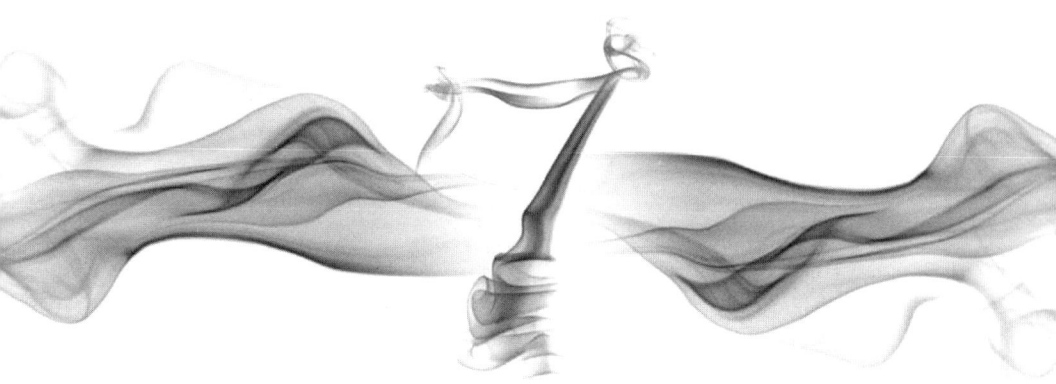

Capítulo 7

LAS RUEDAS DEL ESPÍRITU

Antes que la cadena de plata se quiebre, y se rompa el cuenco de oro, y el cántaro se quiebre junto a la fuente, y la rueda sea rota sobre el pozo.

Eclesiastés 12:6

1. El Diseño del Universo

Todo en el universo, está contenido por ruedas de energía que ejercen una presión centrípeta o una fuerza de gravedad que mantiene todo en el lugar y en la forma en que Dios lo dispuso. Desde la estructura elemental del átomo, así como la de todos los sistemas solares del espacio sideral, están contenidos por estos aros gravitacionales.

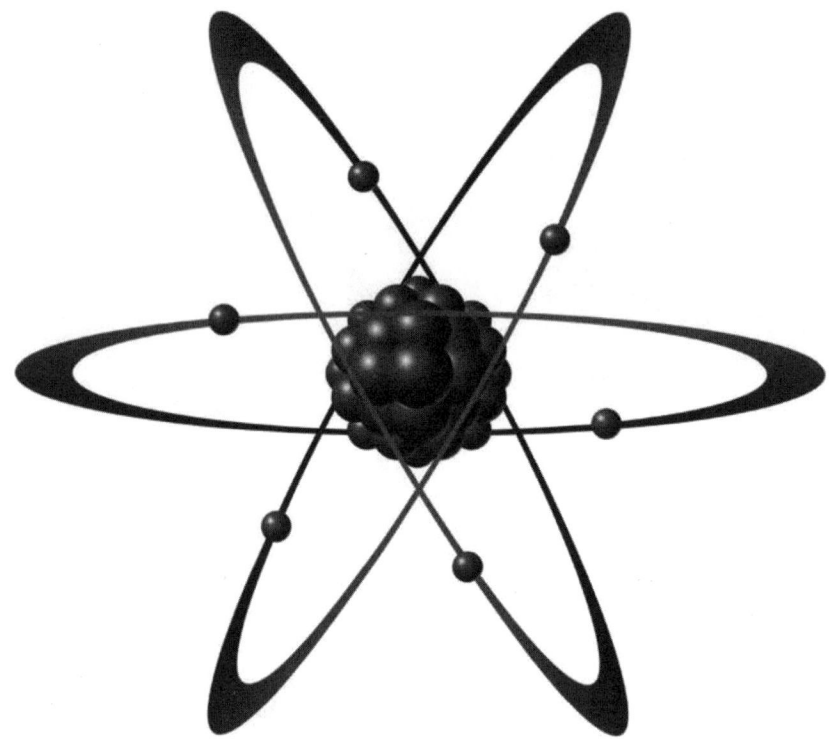

Fig. 9 Estructura Básica del Átomo

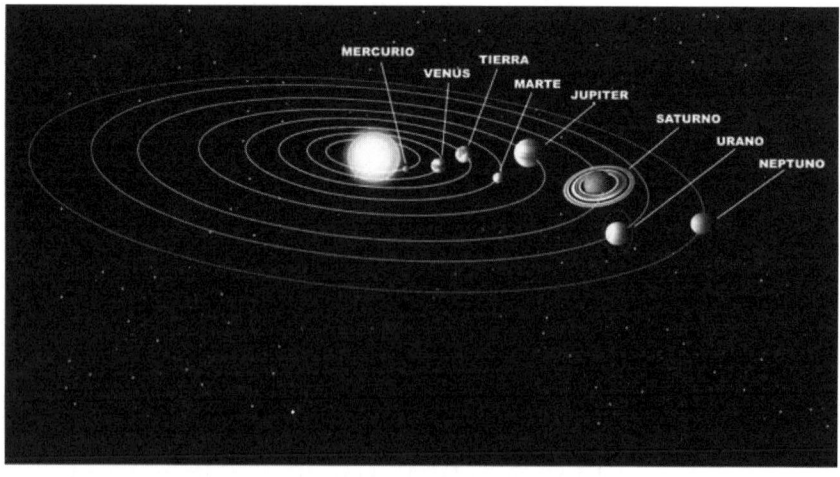

Fig. 10 Sistema Planetario

Lo mismo es verdad en el mundo invisible. La sustancia de que está compuesto todo espíritu, es volátil y etérea, y por lo tanto necesita algo que lo rodee y le permita conservar su forma y fisonomía, esta es la causa por la cual necesita de estas ruedas. Si nuestros espíritus o el de los ángeles y demás creaturas celestiales o infernales no tuvieran estos aros de energía alrededor de ellos, se evaporarían.

2. El Trono de Dios, La Unidad Básica de Todo lo Creado.

El trono de Dios es la unidad desde donde todo el universo es sustentado y regido, de Él toma forma todo lo creado sea visible o invisible. Ésta, es la unidad primordial, que es el "Todo en el Todo" y de donde surgen todas las leyes que mantienen el orden de toda la creación.

Estas fuerzas, que los científicos han alcanzado a identificar, y a medir; como energía, velocidad, gravedad, etc., jamás han podido descubir, qué son o de donde provienen. Y esto es lógico, porque no se atreven a decir que es el poder de Dios rigiendo el universo.

Pero a los hijos de Dios, nos ha sido dado el entender los misterios del Altísimo.

Entonces vemos algo muy interesante en el libro de Daniel, y esto es que el trono de Dios está rodeado de ruedas de fuego. Dios en Su naturaleza omnipresente, está en todo lugar y es más allá de todas las galaxias, universos y dimensiones del Espíritu. Pero cuando Él escoge hacerse visible a los ojos de nuestro espíritu y a las miríadas de ángeles, seres vivientes y a los espíritus de los santos hechos perfectos, entonces aparece rodeado de ruedas de fuego.

Estuve mirando hasta que fueron puestos tronos, y se sentó un Anciano de días, cuyo vestido era blanco como la nieve, y el pelo de su cabeza como lana limpia; su trono llama de fuego, y las ruedas del mismo, fuego ardiente.

Un río de fuego procedía y salía de delante de él; millares de millares le servían, y millones de millones asistían delante de él; el Juez se sentó, y los libros fueron abiertos.

Daniel 7:9-10

Si Dios es la unidad de donde procede todo, esto se va a reflejar en todo lo creado ya se material o espiritual.

Si lo traduzco a lenguaje científico voy a describirlo de la siguiente manera: Todo átomo tiene un núcleo de energía que está contenida por círculos o ruedas de electrones. Por medio de la fuerza de gravedad mantienen el átomo unido y producen un campo electro-magnético que emana del centro hacia afuera. Esto es verdad en un pequeño átomo, en un sistema solar planetario y también en todos los seres vivos y espirituales.

Nuestro espíritu es el aliento de vida de Dios, que salió de Él para hacernos a su imagen y semejanza. De esta manera, Su trono está en medio de nosotros en el "cuenco de oro", de donde sale el río de Dios y consecuentemente nuestro espíritu también está rodeado por ruedas.

Fig. 11 El trono de Dios rodeado de ruedas de fuego

La Palabra de Dios también nos muestra cómo la creación está contenida por una rueda y dentro de ésta, millares de millares de ruedas dentro de ruedas.

La rueda primordial rodea el trono de Dios y de ahí todo es creado e interconectado entre sí. Si pudiéramos ver el aspecto energético del cuerpo de Cristo unido por sus coyunturas serían millones de ruedas entrelazadas.

> *Y la lengua es un fuego, un mundo de maldad. La lengua está puesta entre nuestros miembros, y contamina todo el cuerpo, e inflama **la rueda de la creación**, y ella misma es inflamada por el infierno.*
>
> *Santiago 3:6*

3. El Espíritu Está Dentro de Las Ruedas

Cuando el Profeta Ezequiel tuvo la visión de los seres vivientes, vio claramente estas ruedas que los contenían y que se movían con ellos.

> *El aspecto de las ruedas y su obra era semejante al color del crisólito. Y las cuatro tenían una misma semejanza; su apariencia y su obra eran como rueda en medio de rueda.*
>
> *Cuando andaban, se movían hacia sus cuatro costados; no se volvían cuando andaban.*
>
> *Y sus aros eran altos y espantosos, y llenos de ojos alrededor en las cuatro.*
>
> *Y cuando los seres vivientes andaban, las ruedas andaban junto a ellos; y cuando los seres vivientes se levantaban de la tierra, las ruedas se levantaban.*
>
> *Hacia donde el espíritu les movía que anduviesen, andaban; hacia donde les movía el espíritu que anduviesen, las ruedas también se levantaban tras ellos; porque **el espíritu de los seres vivientes estaba en las ruedas.***
>
> *Ezequiel 1:16-20*

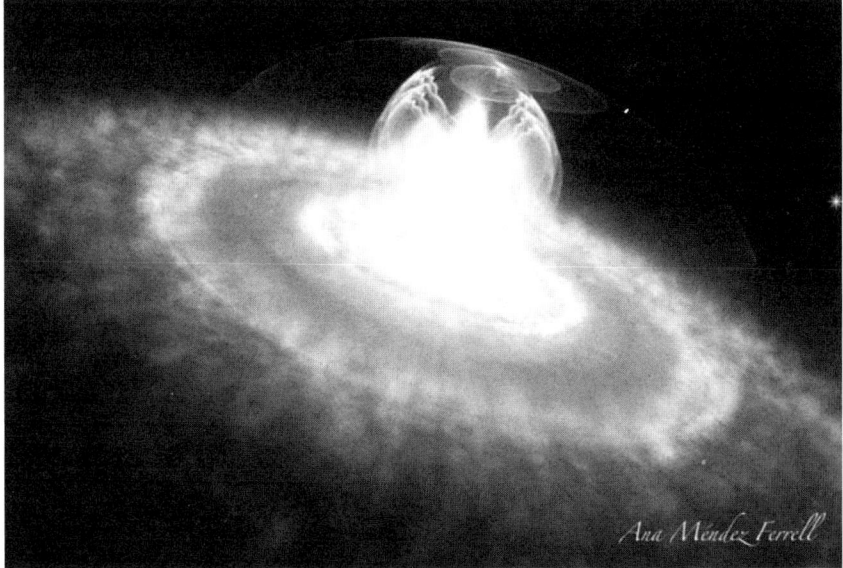

Fig.12   Ser Viviente en la Visión de Ezequiel

4. Funciones De Las Ruedas

A) Transladados por el Espíritu

Vemos aquí que las ruedas no sólo contenían el espíritu de los seres vivientes, sino que también son las que producen que estos puedan transportarse de un lugar a otro.

Jesús le dijo a Nicodemo que los nacidos de Dios eran como el viento. El viento representa el Espíritu y como ya mencionamos es el único entre los cuatro elementos que no está conectado o contenido por la tierra. Por eso los nacidos del Espíritu han entrado a una "libertad gloriosa". Sus espíritus son libres para entrar a todas las dimensiones que Dios les conceda, conforme a la herencia que les ha dado. Ellos son dirigidos por el Espíritu de Dios como una hoja que se desprende del árbol y navega llevada por el viento.

Mientras el espíritu del hombre está en estado de muerte o dormido, las ruedas están inactivas de sus funciones y sólo sirven para que el espíritu no pierda su forma. Una vez que el cuenco de oro ha sido lleno por Jesucristo, y nuestro espíritu ha nacido de nuevo, éste se vuelve el asiento y el templo del Altísimo. Sus ruedas son activadas por las ruedas del trono, para poder moverse y operar en el Reino de Dios.

> *Respondió Jesús: De cierto, de cierto te digo, que el que no naciere de agua y del Espíritu, no puede entrar en el reino de Dios.*
>
> *Juan 3:5*

Las ruedas nos permiten cambiar de dimensión. Yo creo que fueron estas ruedas de fuego que descendieron del trono de Dios para arrebatar a Enoc y a Elías. Enoc simplemente entró al ámbito del cielo y desapareció de la Tierra. Eliseo vio los carros de fuego, los caballos y el torbellino, que se llevaron a su maestro; y estos tres son formas espirituales que tienen que ver con movimiento y traslado inter-dimensional.

Elías durante todo su ministerio fue arrebatado de un lugar a otro. Le sucedía lo mismo que a los seres vivientes que vio Ezequiel. Ellos volaban de un lugar otro espiritualmente y las ruedas con ellos, y esta misma facultad la tenía Elías.

Quiero que note esto en la forma en que está escrito el pasaje que cito a continuación.

Cuando Dios le da la orden a Elías que se muestre al rey Acab. El se aparece a Abdías mayordomo del Rey en el camino, como si ya supiera que Acab lo estaba buscando y que había mandado por él.

Pasados muchos días, vino palabra de Jehová a Elías en el tercer año, diciendo: Ve, muéstrate a Acab, y yo haré llover sobre la faz de la tierra. Y Acab llamó a Abdías su mayordomo. Abdías era en gran manera temeroso de Jehová.

Y yendo Abdías por el camino, se encontró con Elías; y cuando lo reconoció, se postró sobre su rostro y dijo: ¿No eres tú mi señor Elías?

Y él respondió: Yo soy; ve, di a tu amo: Aquí está Elías.

1 Reyes 18:1, 3, 7-8

El Siervo conociendo la reputación de Elías que aparecía y desaparecía le contesta:

Acontecerá que luego que yo me haya ido, el Espíritu de Jehová te llevará adonde yo no sepa, y al venir yo y dar las nuevas a Acab, al no hallarte él, me matará; y tu siervo teme a Jehová desde su juventud.

1 Reyes 18:12

Estas palabras nos dejan claro que Elías tenía esta fama de ser arrebatado por Dios y traspuesto a otro lugar. Ahora bien, es imposible que Elías en lo natural hubiese sabido donde encontrar a Abdías precisamente en el momento en que el Rey Acab lo estaba buscando. Pero el Espíritu de Jehová quién le había dado la orden al profeta de presentarse al rey, es el que lo traspone al lugar donde se encontraba el mayordomo.

Ahora bien, Jesús dijo que el menor en el Reino de Dios era mayor que todos los profetas y que los violentos arrebataban las verdades del Reino de Dios.[9] Vemos que hubo discípulos que se apropiaron de esta facultad del espíritu.

Entre ellos está Felipe que fue traspuesto (transportado de un lugar a otro)[10], el Apóstol Pedro que fue transportado a través de las puertas de la cárcel[11] y los Apóstoles Pablo y Juan que fueron llevados al Paraíso, al tercer cielo o a los diversos lugares celestiales.[12] Este poder está localizado en las ruedas del espíritu.

Fig. 13 Las Ruedas del Espíritu

Cuando Dios me mostró la visión de nuestro espíritu, me quedé maravillada al ver estas ruedas. Poco a poco El Espíritu Santo me fue enseñando sus funciones.

La primera que aprendí fue la que acabo de mencionar, la habilidad de ser traspuestos(transportados) de un lugar a otro. Dios nos ha permitido vivir varias veces esta experiencia al ser llevados en cuestión de segundos a lugares que estaban entre dos y cuatro horas de distancia.

A veces cuando escalamos montañas de gran altura para consagrarlas a Dios, le pedimos que nos trasponga para ayudarnos en los tramos más peligrosos y hemos visto este milagro varias veces.

En el libro de Isaías está escrito:

Levántate, resplandece; porque ha venido tu luz, y la gloria de Jehová ha nacido sobre ti. Porque he aquí que tinieblas cubrirán la tierra, y oscuridad las naciones; mas sobre ti amanecerá Jehová, y sobre ti será vista su gloria...

¿Quiénes son éstos que vuelan como nubes, y como palomas a sus ventanas?

Isaías 60:1-2 y 8

Como estruendo de carros saltarán sobre las cumbres de los montes; como sonido de llama de fuego que consume hojarascas, como pueblo fuerte dispuesto para la batalla.

Joel 2:5

Es parte de nuestra herencia, cuando entramos a la gloria de Su Reino, el ser llevados por el Espíritu hacer cosas que ojo no vio ni oído oyó.

Una Experiencia Que Cambió Mi Vida

Cuando Dios nos permitió subir al monte Everest para liberar la "ventana 10-40"[13] Tuvimos que hacer un entrenamiento exprés de sólo 8 meses, ya que ninguno del equipo de intercesión éramos alpinistas.

Durante ese tiempo, todos soñábamos con el momento en que haríamos cima, para consagrar las alturas de la tierra para nuestro Dios. Aunque la meta era una dirección del Espíritu Santo, mi corazón humano y carnal anhelaba también el quedar inscrita en la historia del Everest como la primera mujer latina en alcanzar la cima de la Tierra. Dios nos llevó no sólo a poner nuestra vida hasta la muerte, ya que se trataba de una montaña asesina, pero también a poner en el altar de Dios ese anhelo de llegar a la cima, esa gloria humana de haber hecho algo insólito, que en el fondo era una arrogancia carnal.

Los montes son símbolo, entre muchas cosas, del orgullo del hombre y de lo que podemos alcanzar por nuestras propias fuerzas; y no podíamos vencer la fortaleza espiritual que se encontraba ahí, si no tratábamos con esa parte de nuestro corazón.

Al empezar la expedición, Dios confirmó que no escalaríamos a la cima[14] ya que el centro de poder no se encontraba allí, sino a unos 7000 metros de Altura.

Nos acercábamos a campamento base (5600m aprox) y nuestra última parada antes de llegar era a los pies de una montaña llamada Kalapatar. Habíamos caminado casi 12 horas y la mayoría del equipo estaba muy cansado, sin embargo, Verónica,[15] una de nuestras intercesoras y yo estábamos sobrenaturalmente llenas de energía. Fue en ese momento que Dios nos dio la orden a las dos de escalar Kalpatar.

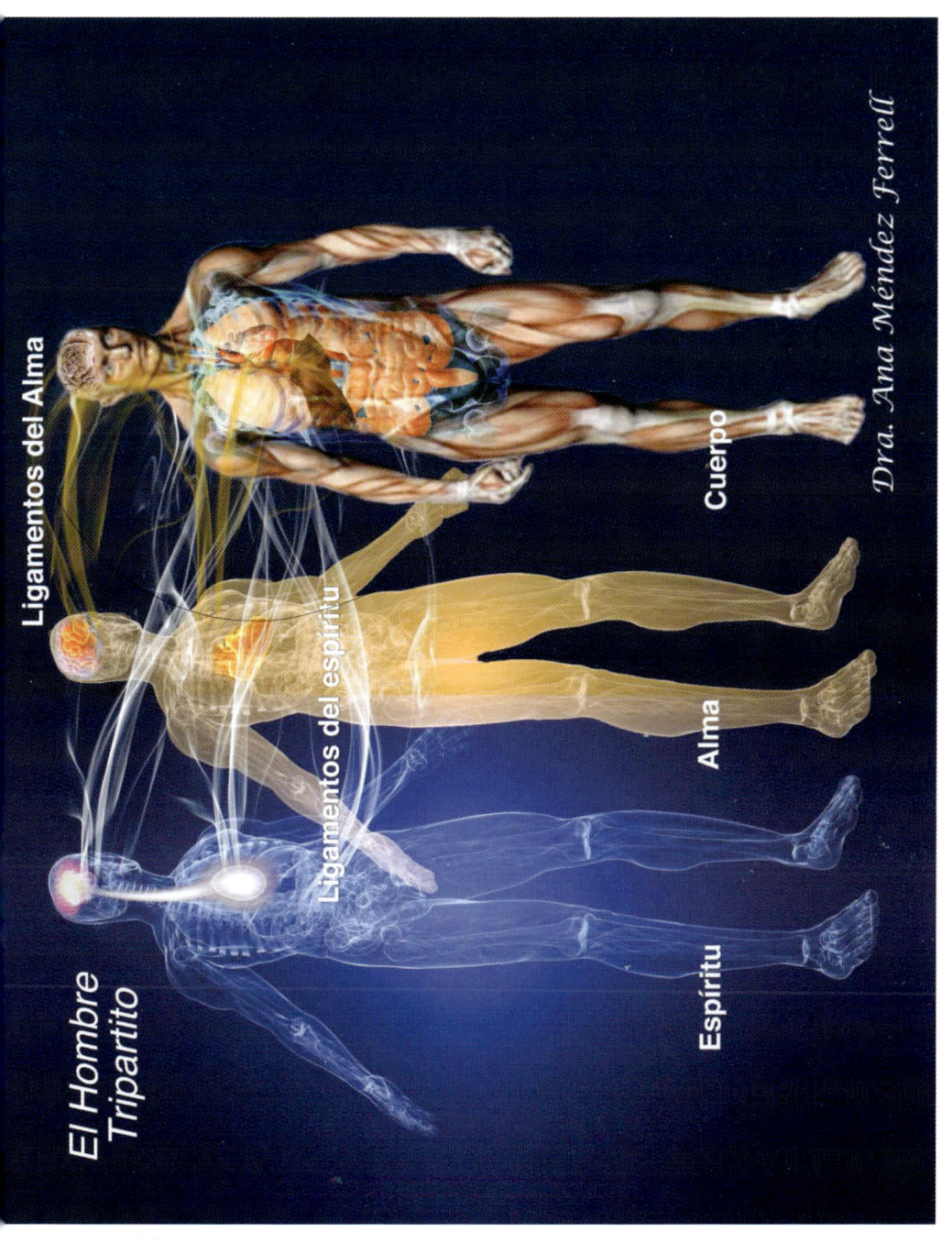

El Hombre Tripartito

Ligamentos del Alma

Ligamentos del espíritu

Cuerpo

Alma

Espíritu

Dra. Ana Méndez Ferrell

Hombre Tripartito

Primera visión del espíritu del hombre

Interconnección Organica

Trono de Dios

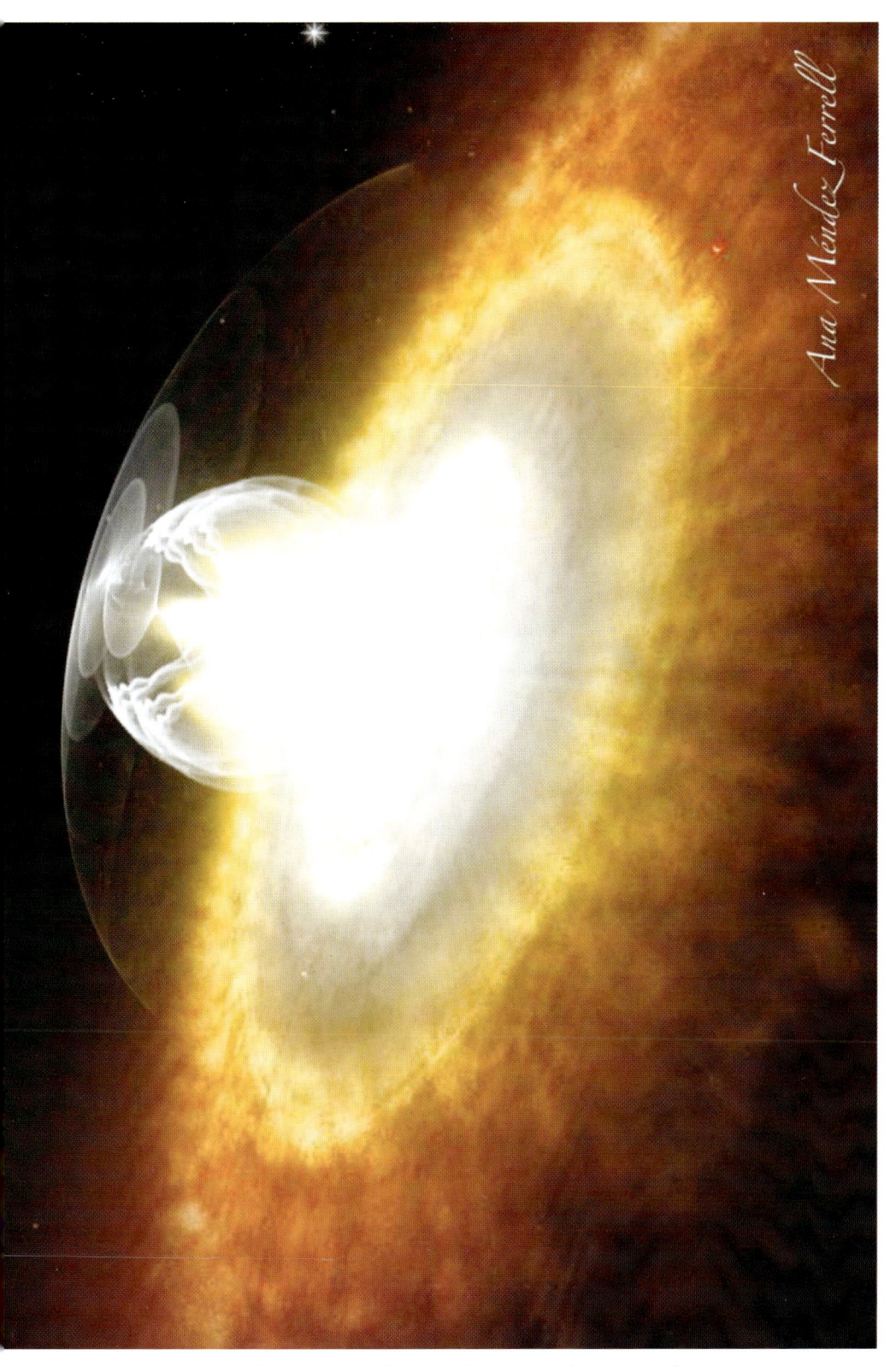

Ser Viviente Conforme a la Vision de Esequiel

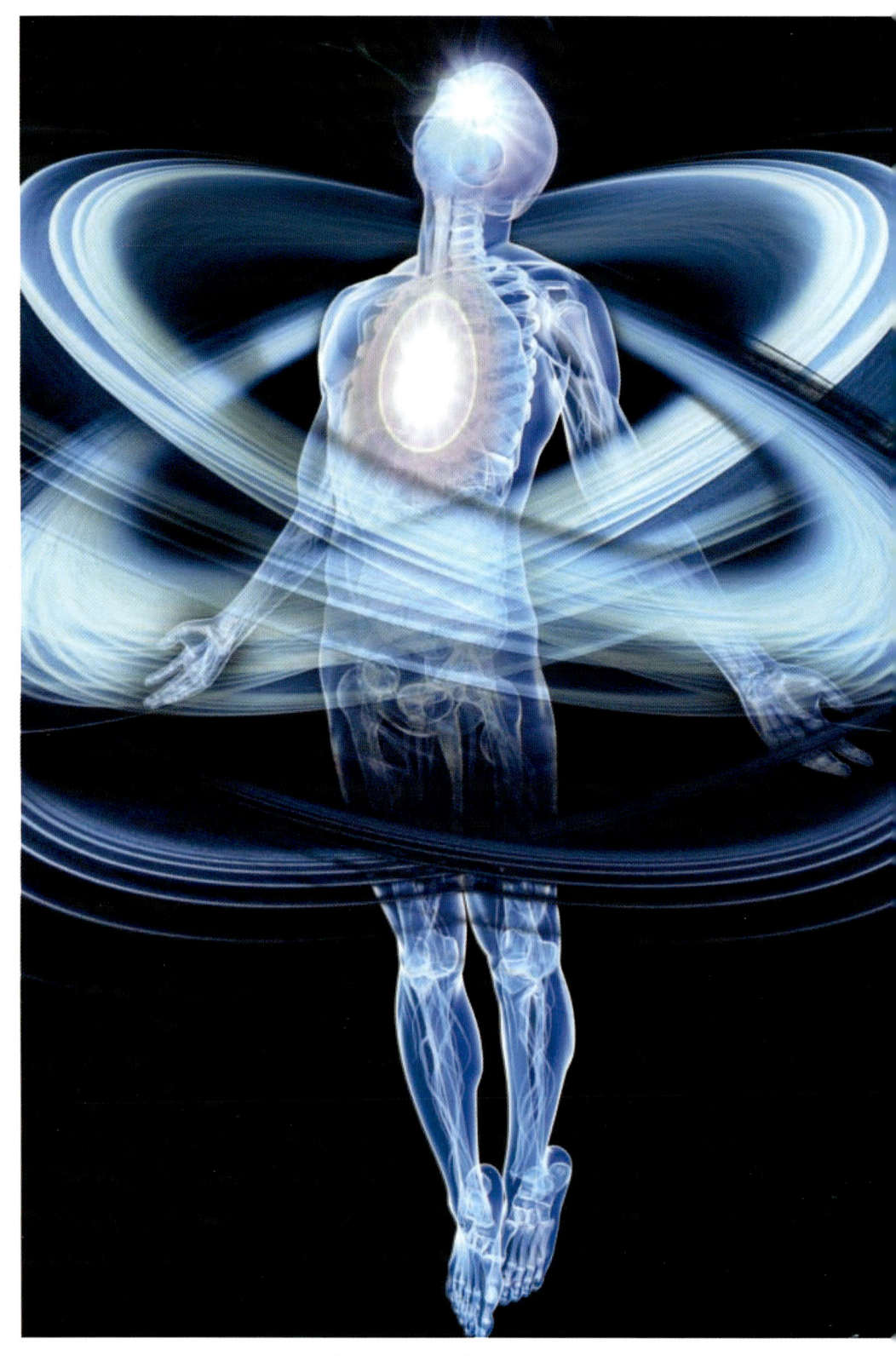

Las Ruedas del Espíritu

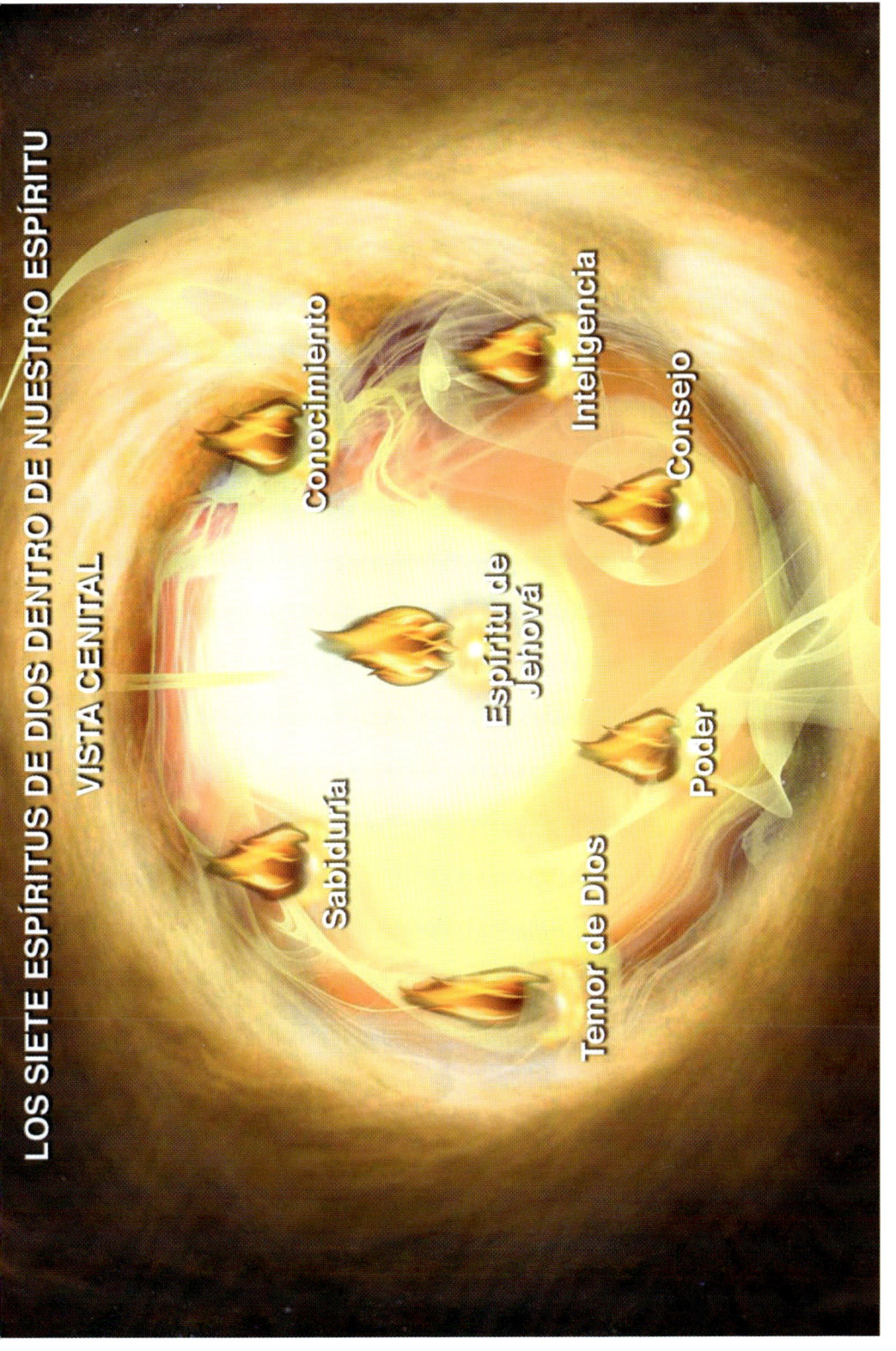

Los Siete Espititus Dentro de Nuestro Espititu

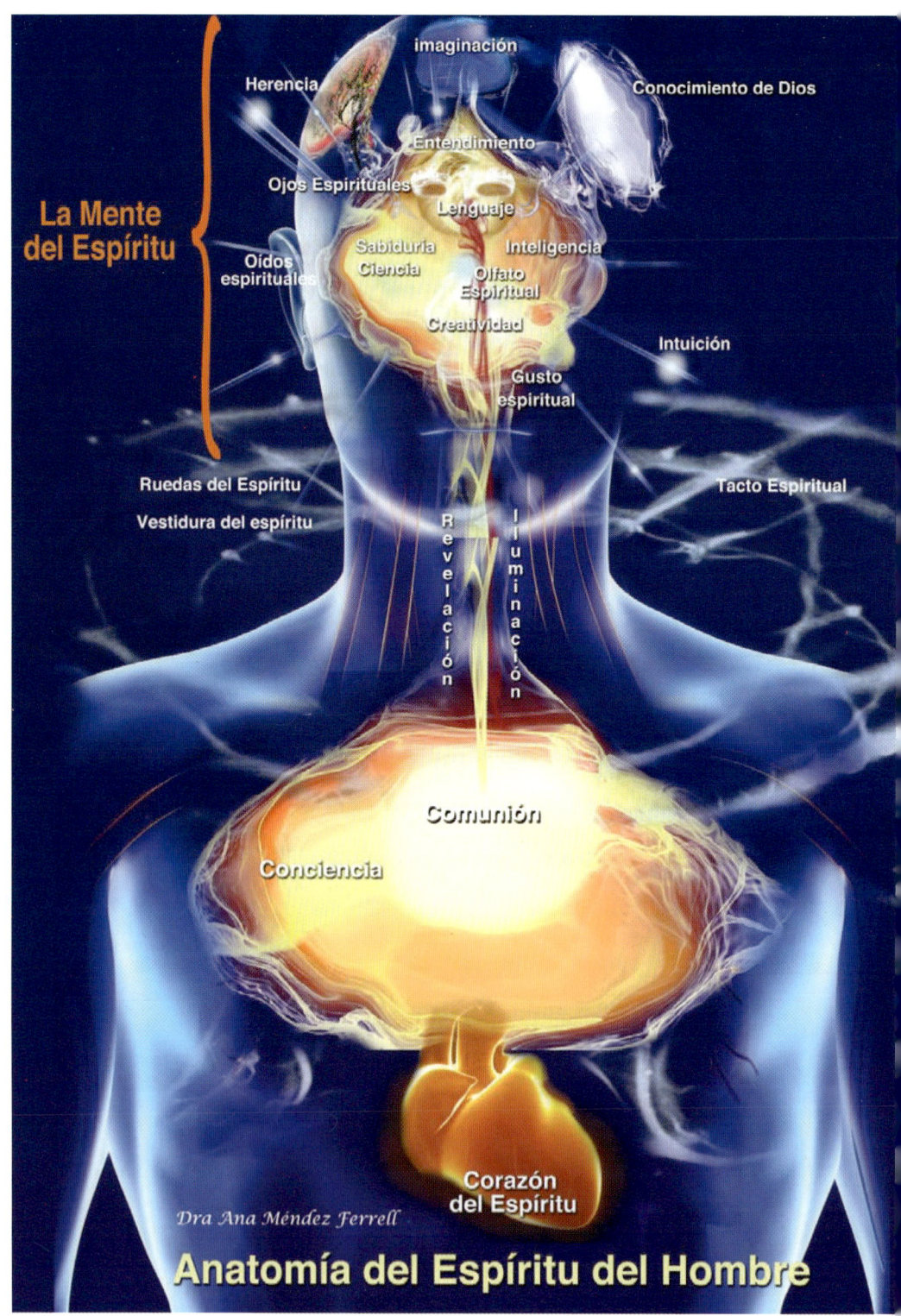

Anatomia del Espiritu del Hombre

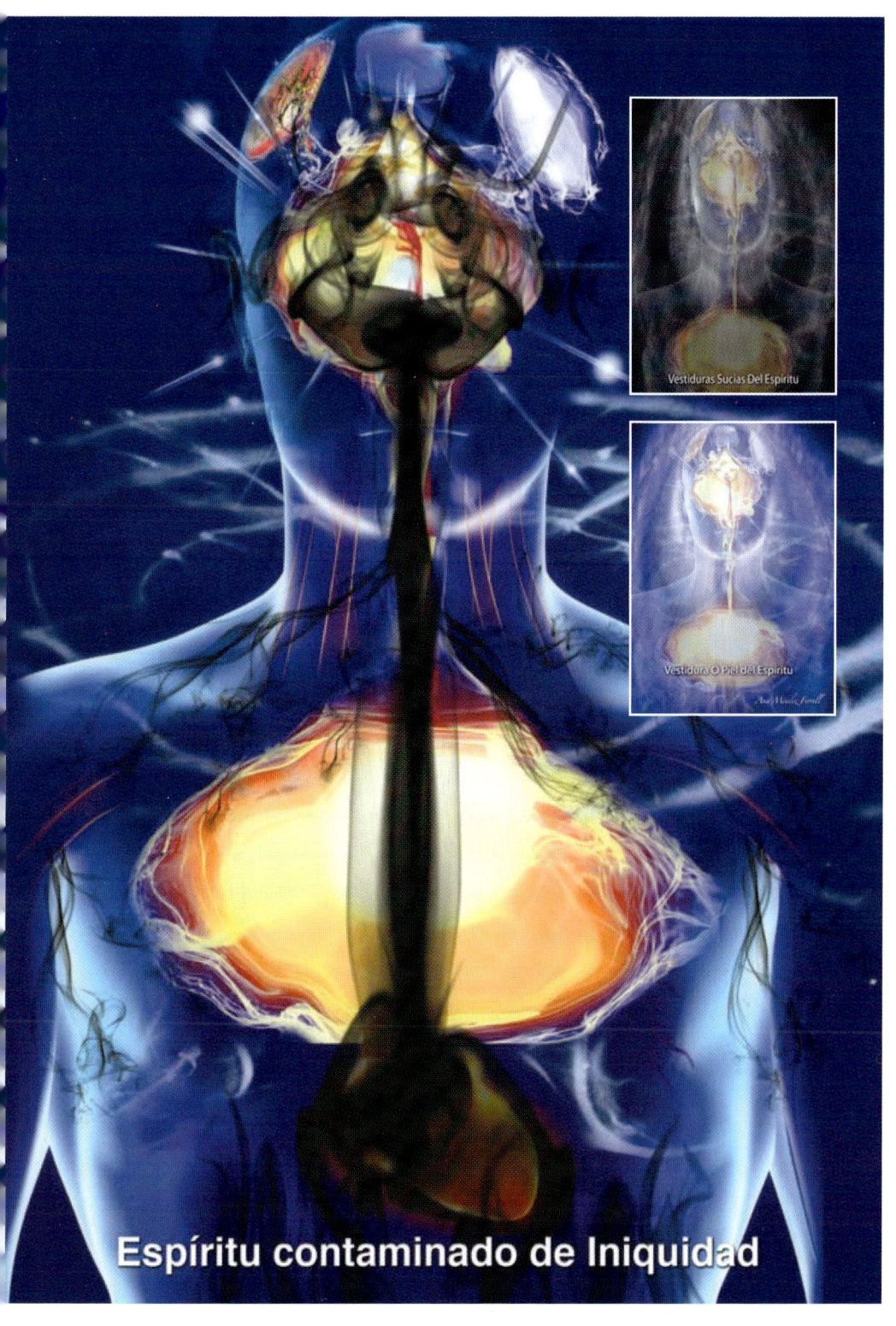

Vestiduras Sucias Del Espíritu

Vestidura Ó Piel Del Espíritu

Espíritu contaminado de Iniquidad

Espiritu Contaminado de Iniquidad

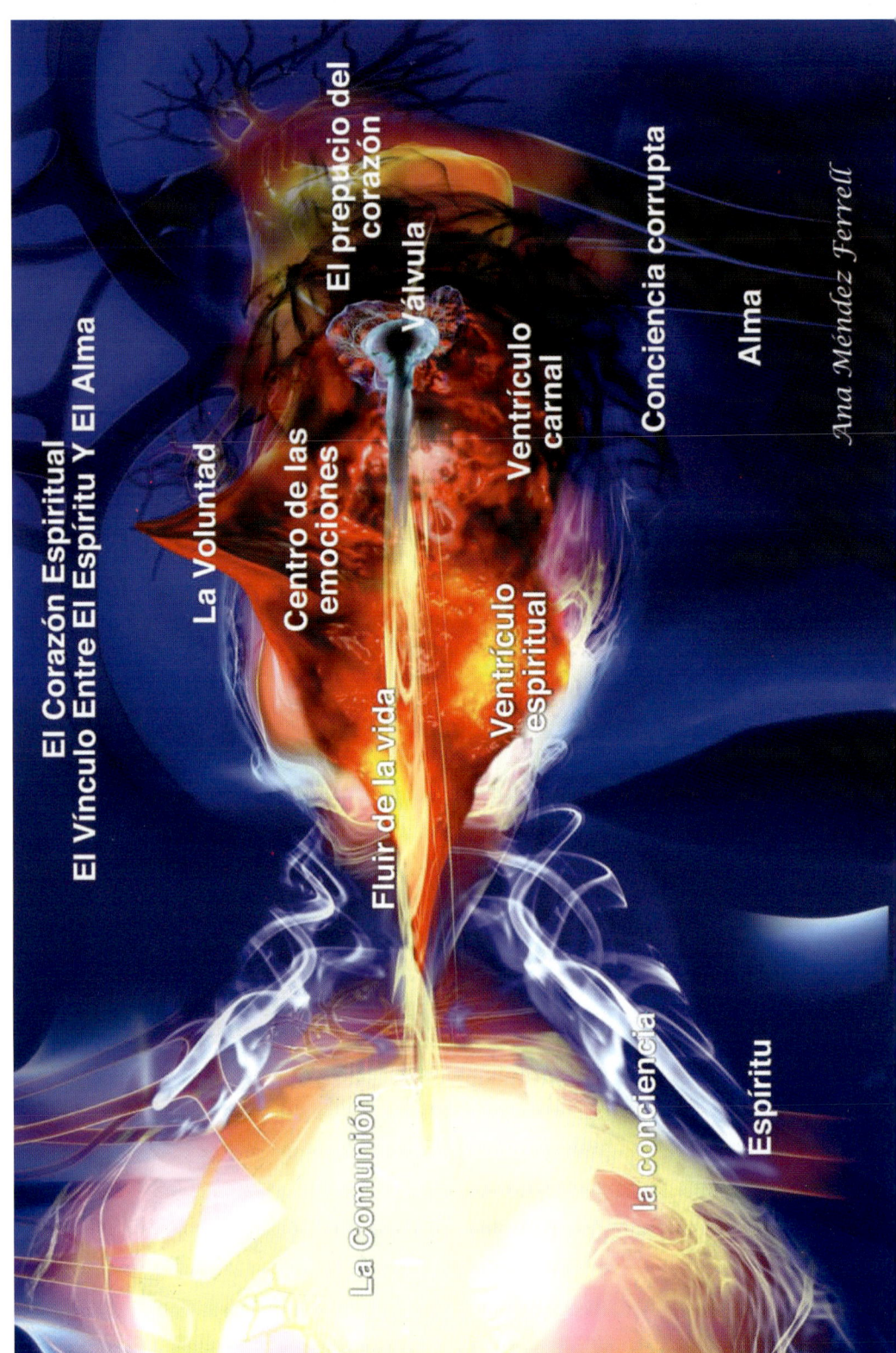

El Corazón Espiritual
El Vínculo Entre El Espíritu Y El Alma

La Voluntad

Centro de las emociones

El prepucio del corazón

Válvula

Ventrículo carnal

Conciencia corrupta

Alma

Ana Méndez Ferrell

Fluir de la vida

Ventrículo espiritual

La Comunión

la conciencia

Espíritu

Corazón Espitiual

Vista Transversal De La Válvula Abierta

Con su habilidad de contemplar el Reino de Dios y emitir la vida desde el centro de la Comunión.

Valvula

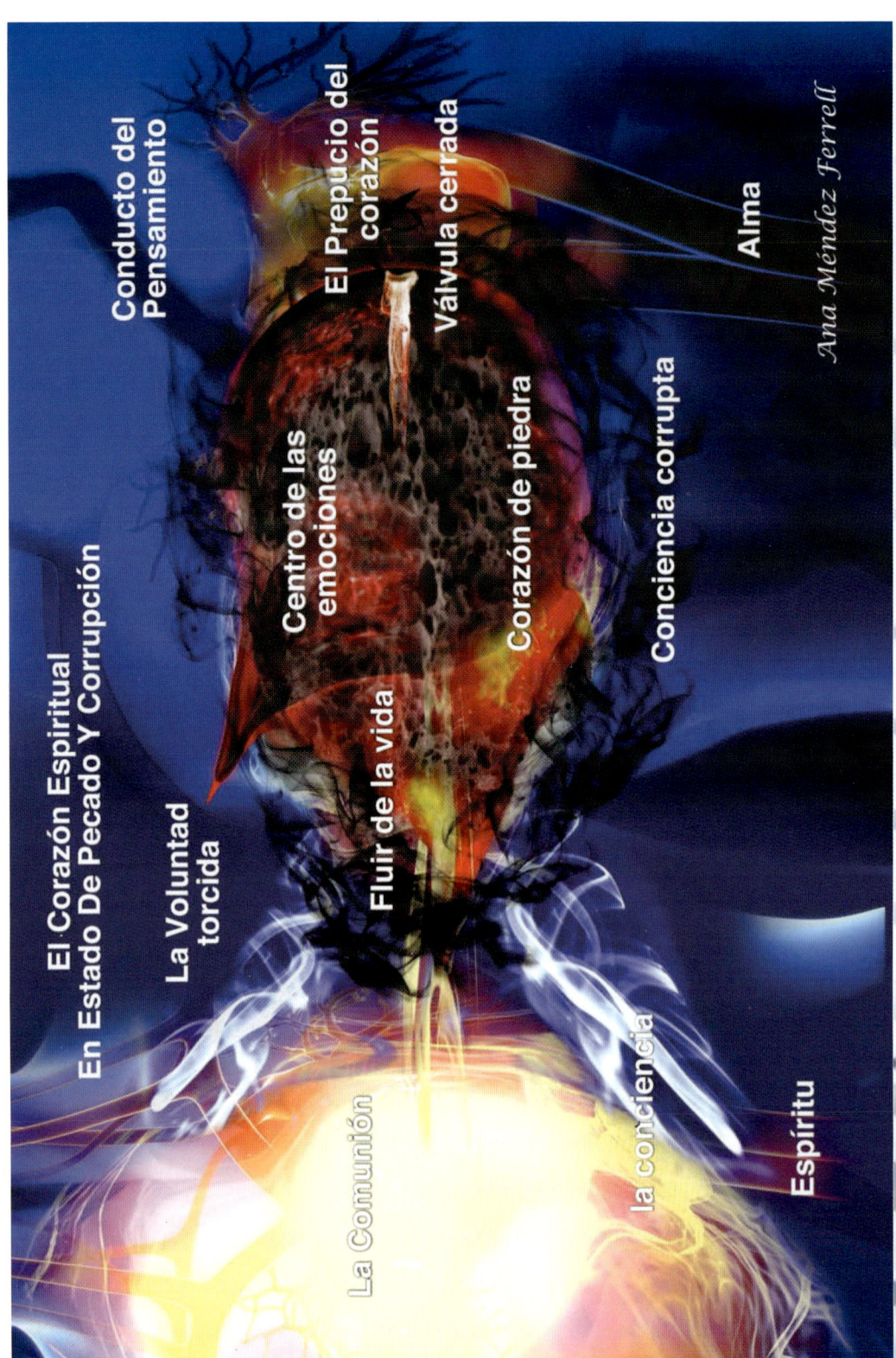

Corazón Espititual

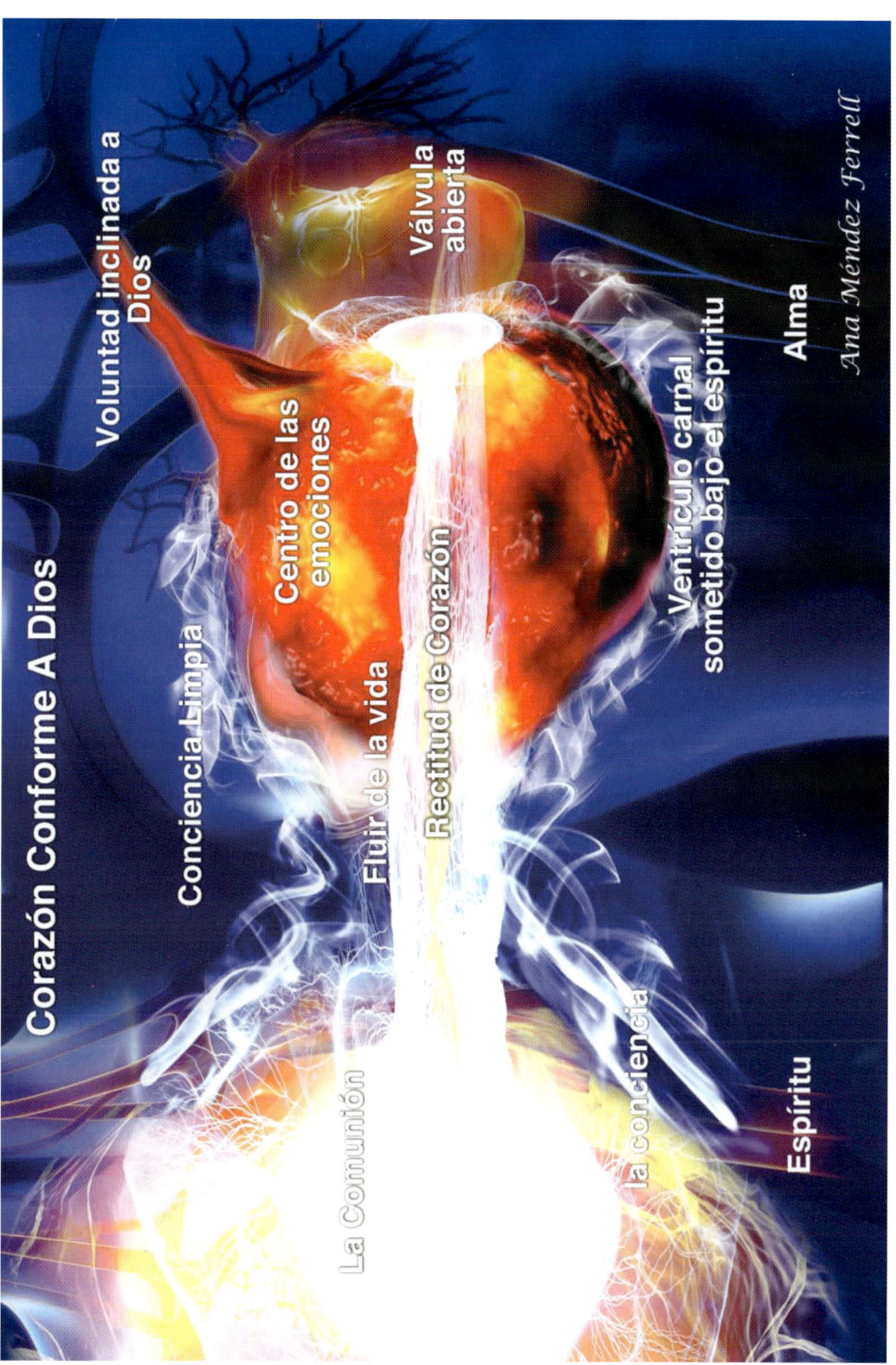

Corazón Conforme a Dios

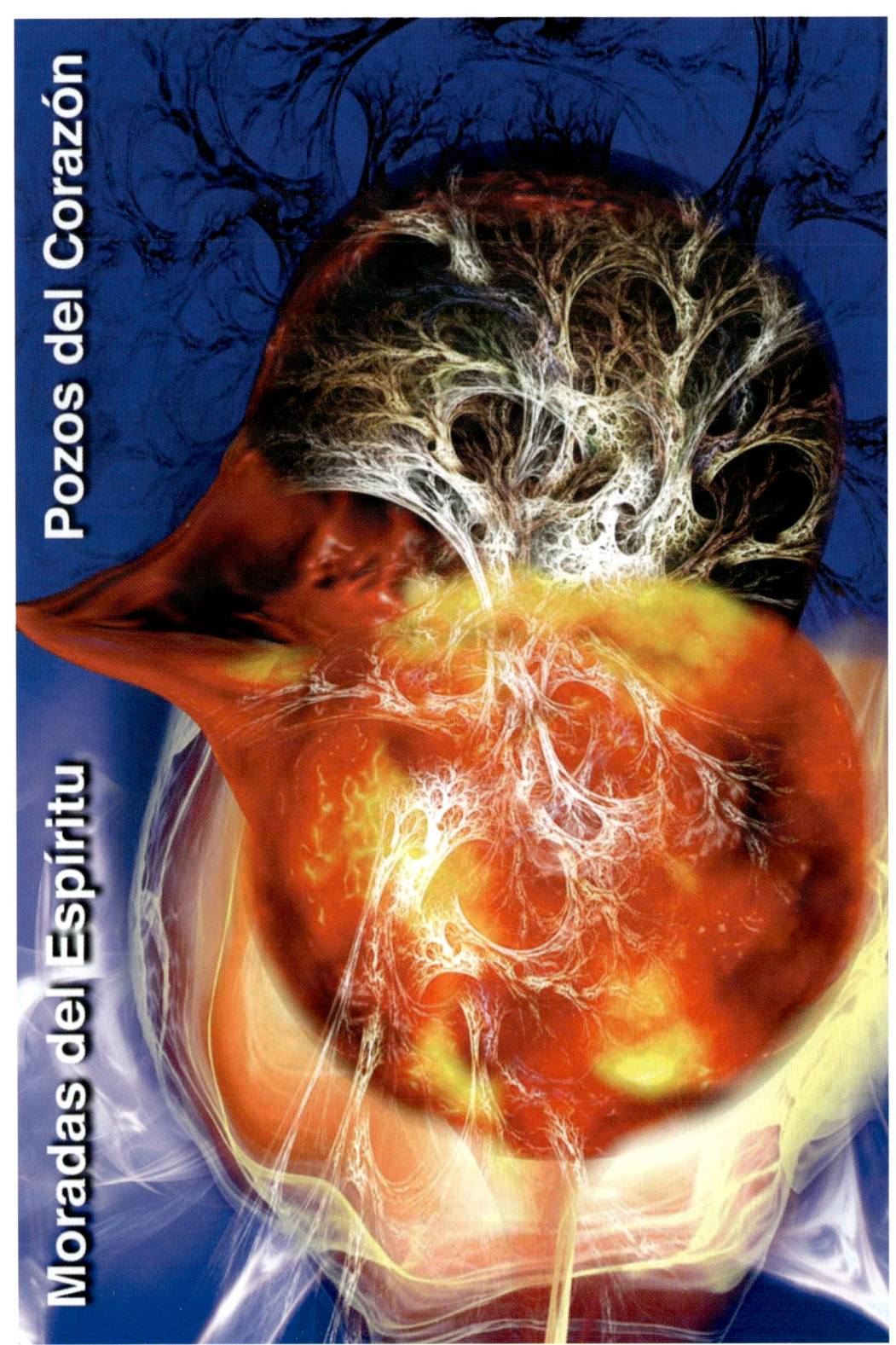

Pozos del Corazón

Moradas del Espíritu

Alma Deformada Nutraleza Adámica

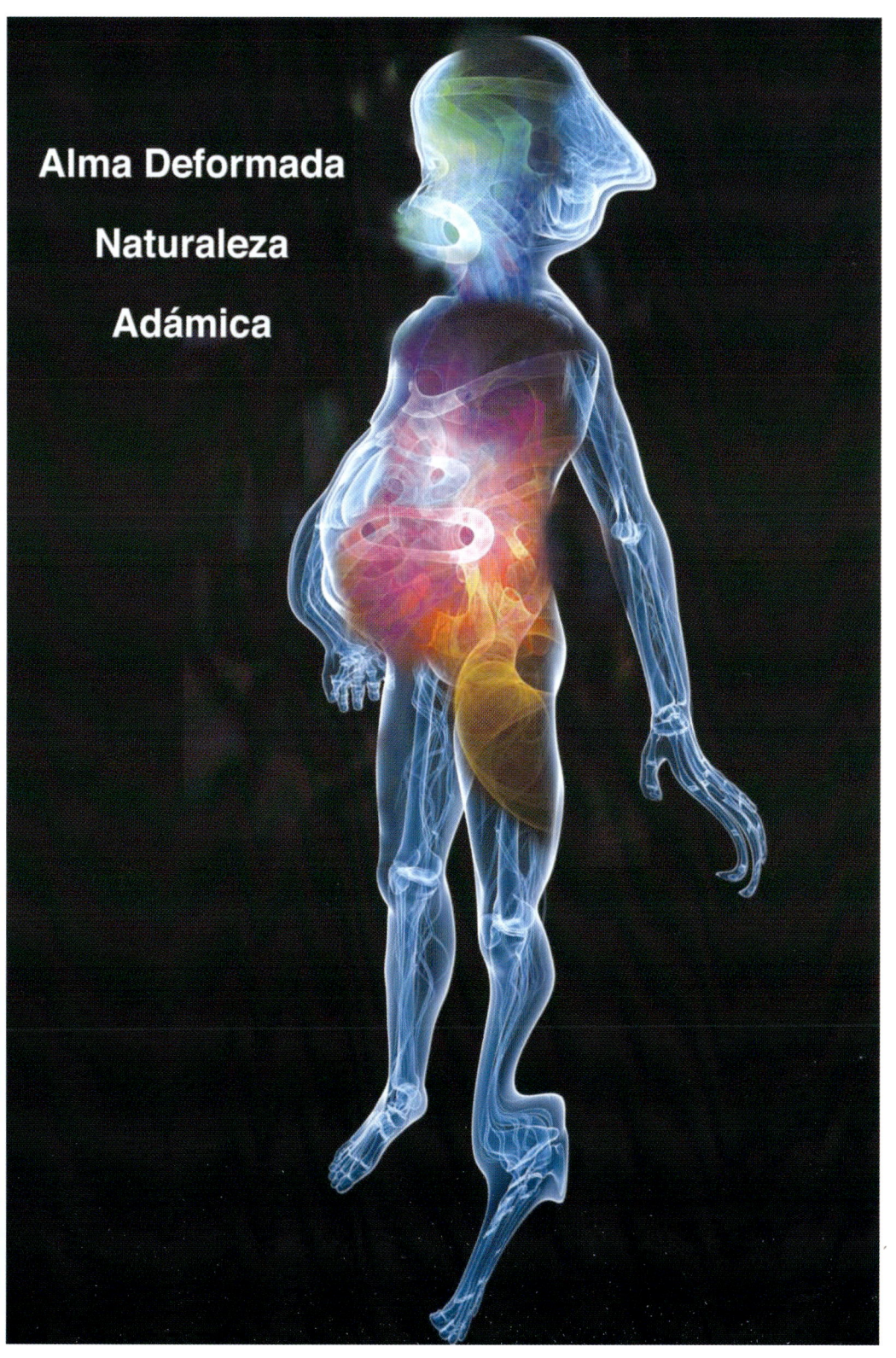

Alma Deformada

Naturaleza

Adámica

Moradas del Espíritu

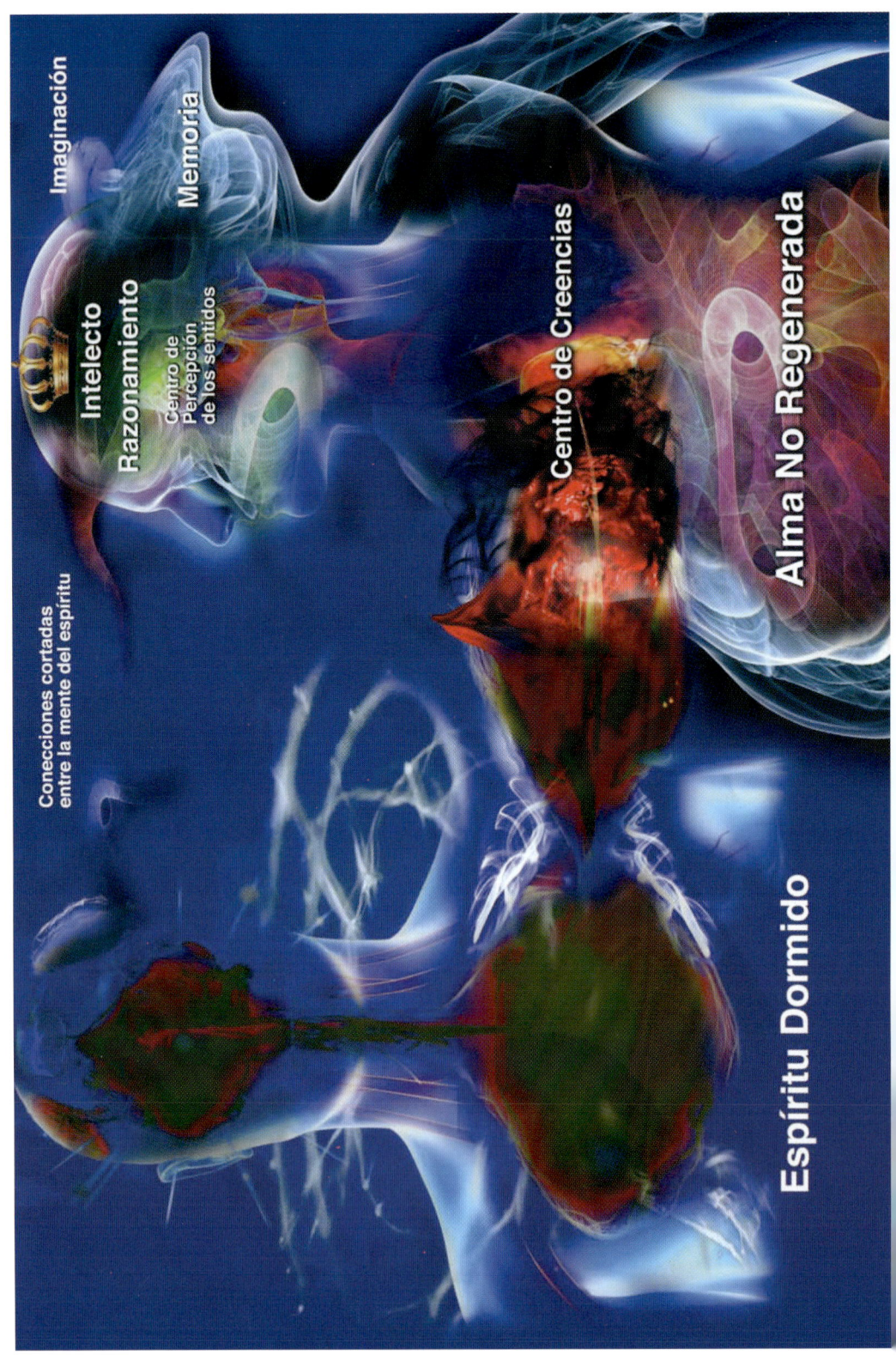

Alma No Regenerada

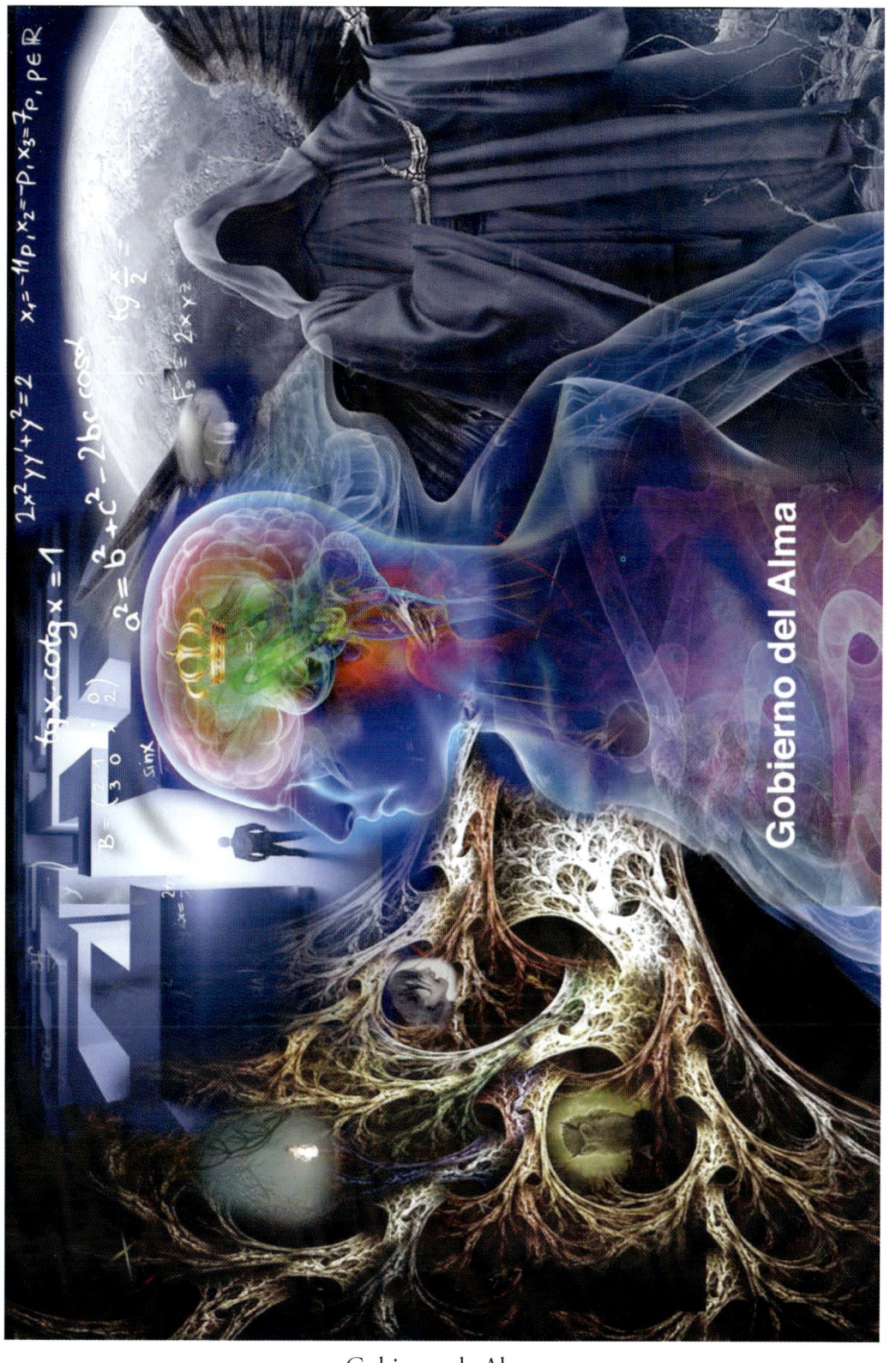

Gobierno de Alma

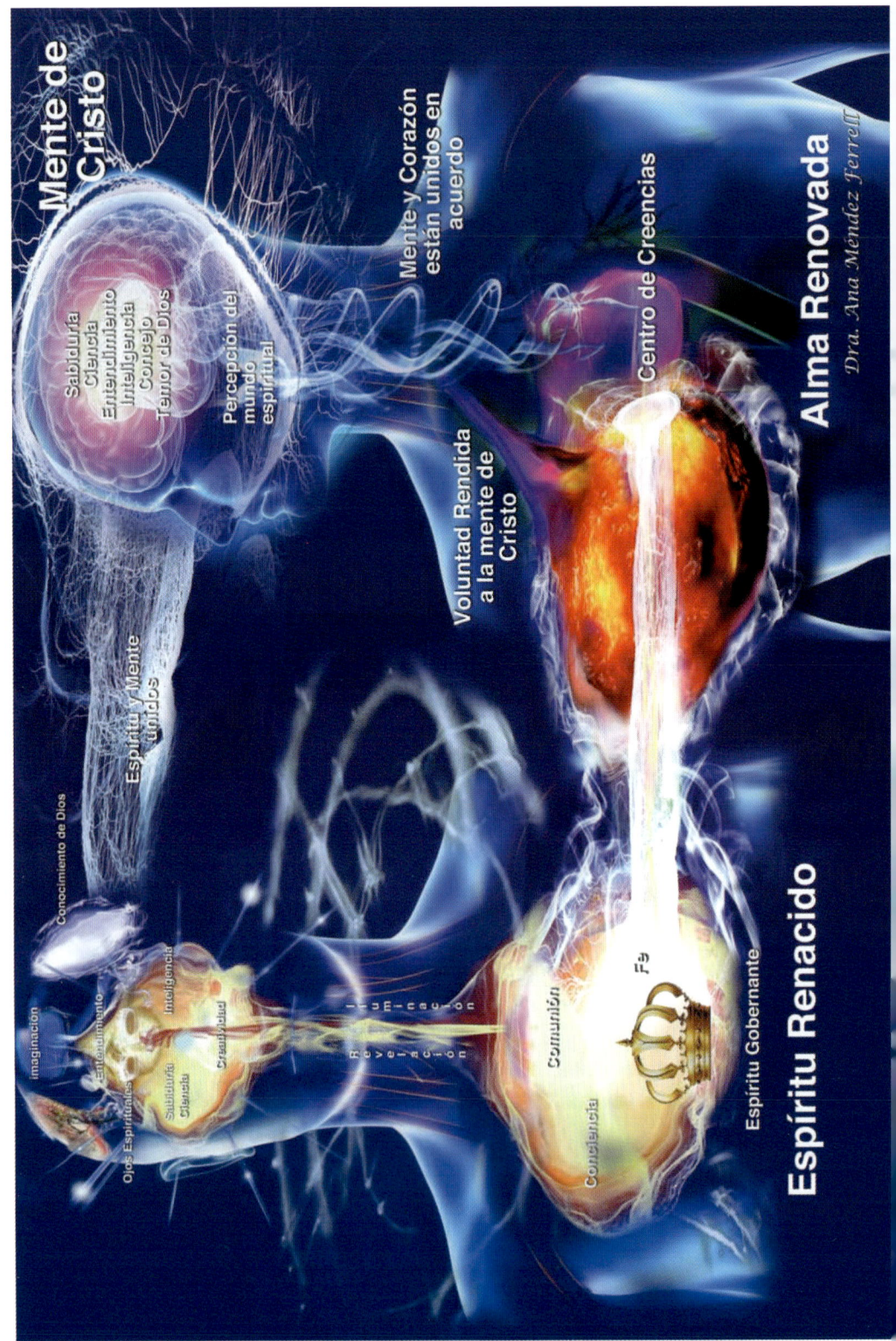

Alam Renovada

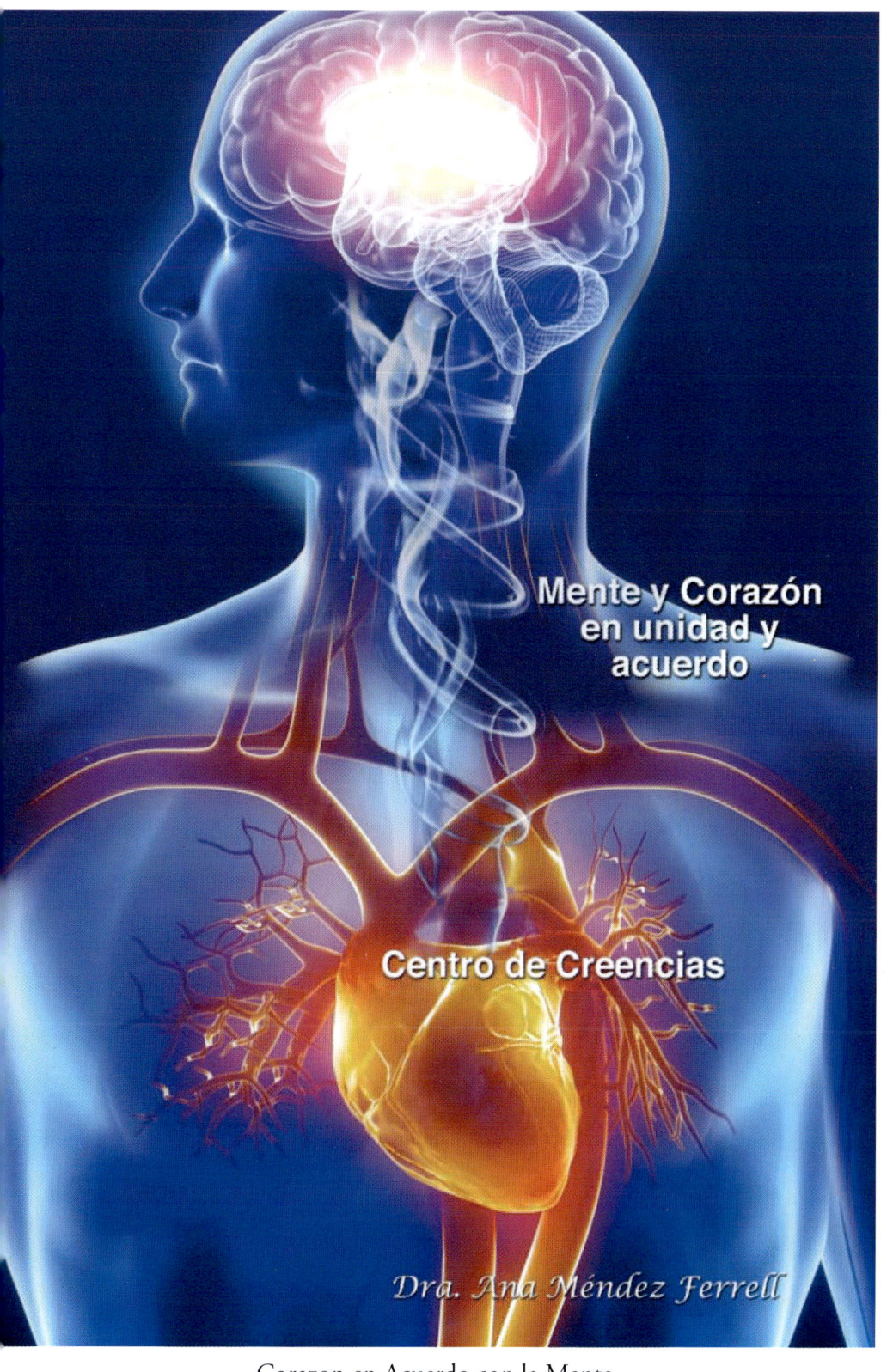

Mente y Corazón
en unidad y
acuerdo

Centro de Creencias

Dra. Ana Méndez Ferrell

Corazon en Acuerdo con la Mente

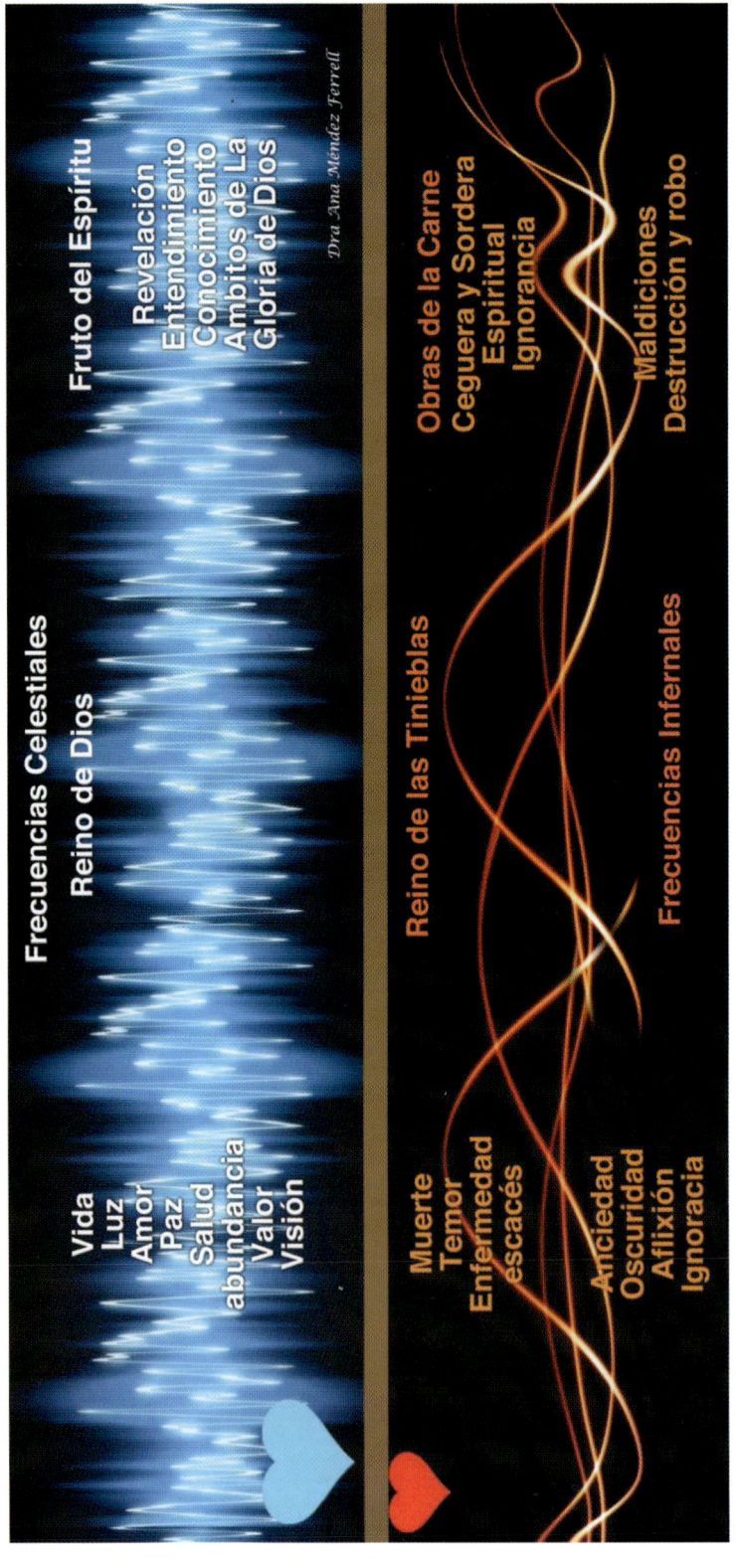

Frecuencias Celestiales Reino de Dios

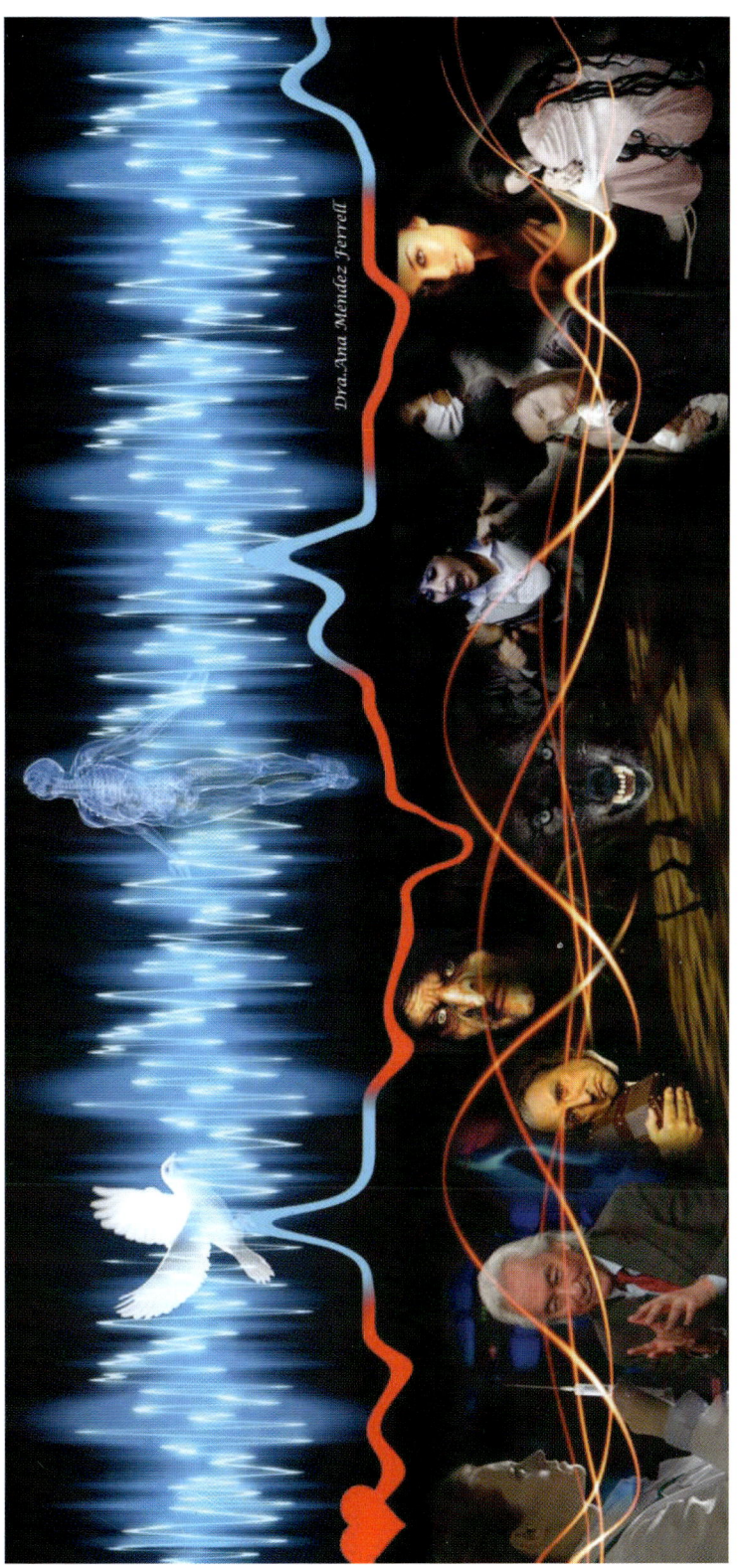

Dra. Ana Méndez Ferrell

Frecuencias Celestiales y Frecuencias de las Tinieblas

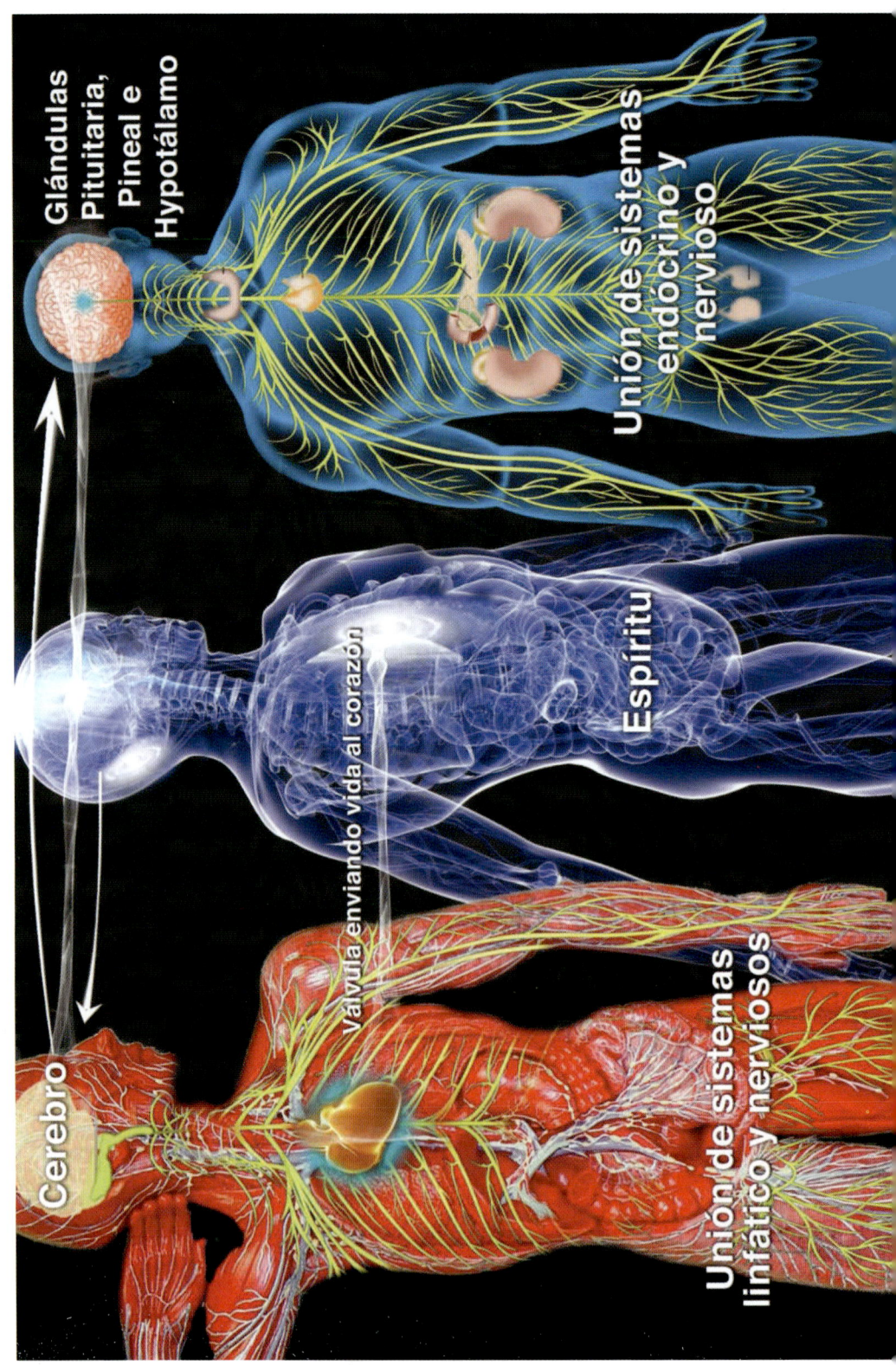

Interacción del espíritu con los sistemas linfácticos, neruioso y endócrino

Los más importantes Plexos del Sistema Nervioso

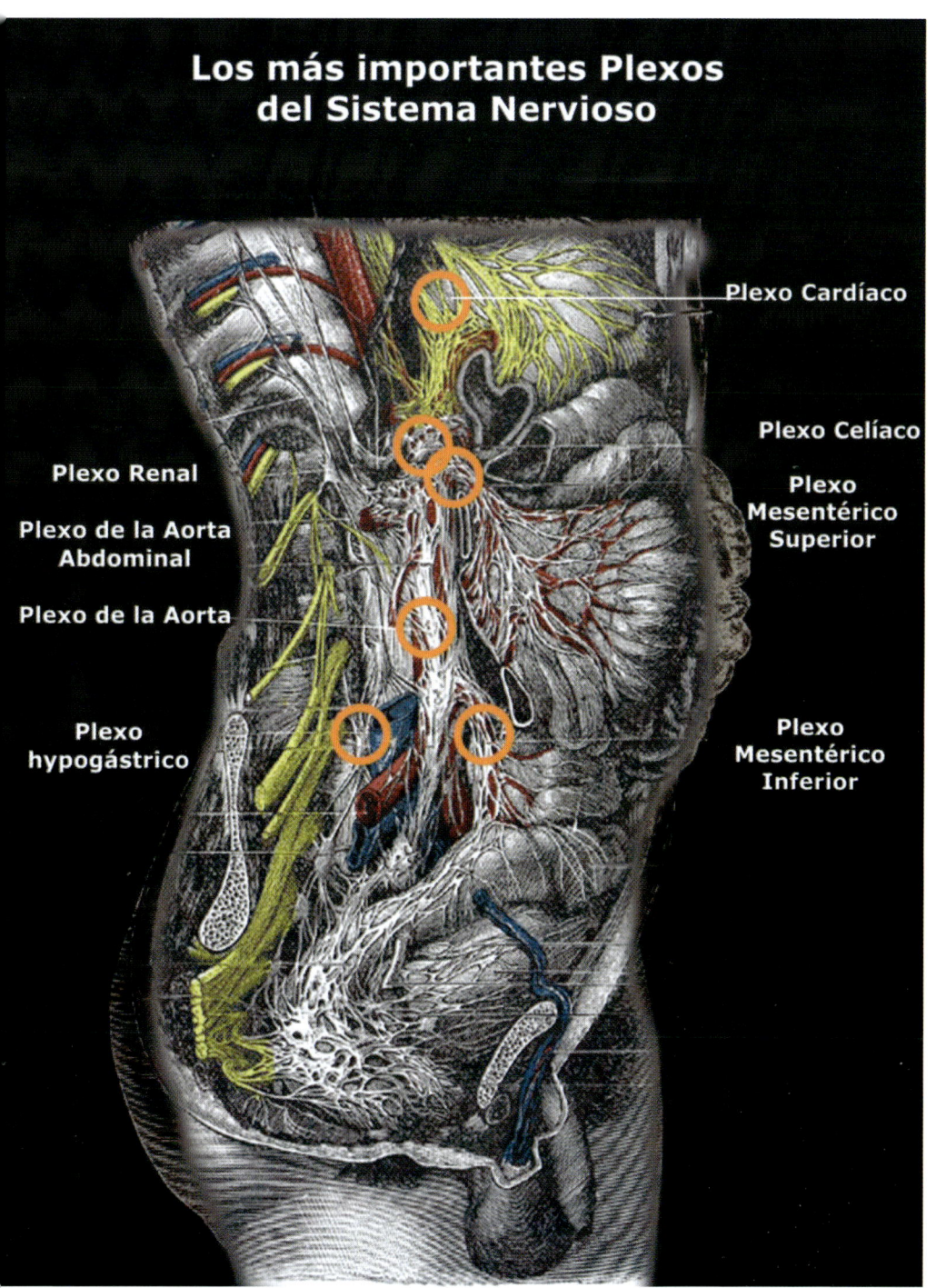

Plexo Cardíaco

Plexo Celíaco

Plexo Mesentérico Superior

Plexo Renal

Plexo de la Aorta Abdominal

Plexo de la Aorta

Plexo hypogástrico

Plexo Mesentérico Inferior

Plexos Neruiosos

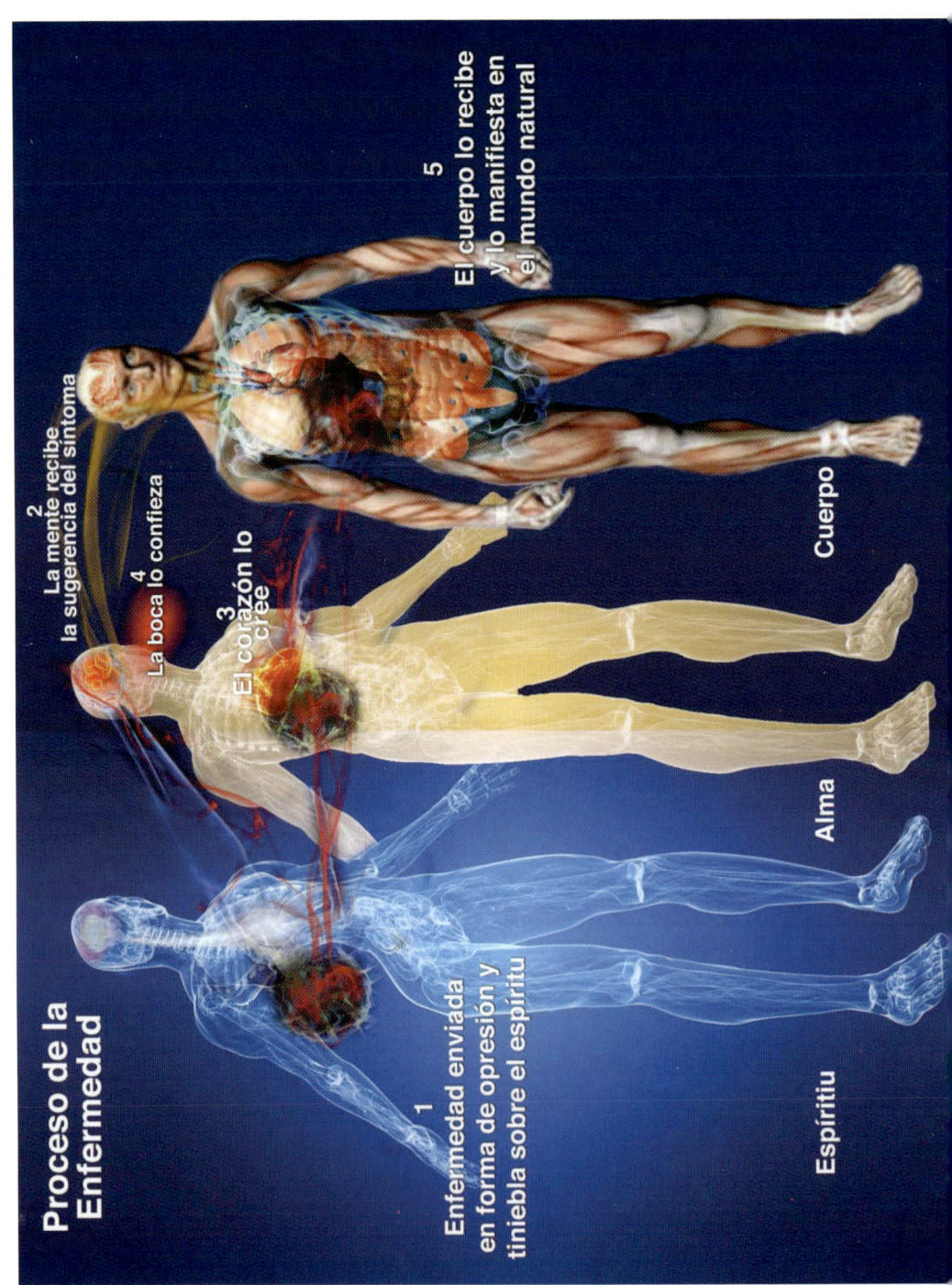

Proceso de la Enfermedad

La orden nos pareció extraña, pero sentimos un fuego que nos impulsaba, así que habiendo consultado con nuestra autoridad, emprendimos el ascenso.

Durante los 8 días que llevábamos camino al campamento base del Everest, el cielo había estado siempre nublado por lo que no habíamos podido ver la cima, ni aún en la cercanía. Esa tarde tampoco fue la excepción, cuando llegamos a la cima de este otro monte, nos encontramos con una especie de cama de piedra en la cima, como si fuese un antiguo lugar de sacrificios, mas este no había sido tallado por el hombre.

Sentimos que el Señor nos indicaba que nos recostáramos ahí y que pusiéramos en esa especie de altar, todo anhelo de gloria proveniente del esfuerzo humano. Así lo hicimos y en ese momento se abrieron las nubes y apareció la punta del Everest frente a nosotros completamente dorada, como un diamante de fuego iluminado por los cálidos matices del sol poniente.

Cuando lo vimos por primera vez, no pudimos sino llorar de emoción y del dolor que nos causaba saber que no llegaríamos a pisar su cima. Cerramos los ojos y pusimos nuestra corona y nuestra misión a los pies del Señor.

Nuestra satisfacción más grande siempre había sido en que todas las cosas la gloria fuera siempre para Él. El recordar esto nos hizo muy felices, más que si hubiéramos alcanzado la meta de todos los alpinistas del mundo.

El Espíritu Santo, entonces vino sobre nosotras con gran poder y Su gloria nos envolvió. Dejamos de sentir el peso de nuestros cuerpos, estábamos como ingrávidas, arrestadas dentro de una luz resplandeciente. Dentro de mí sabía que el Señor estaba tomando la expedición para sí mismo y que Él orquestraría todo para sentarse Él y solo Él, en las alturas del mundo.

De pronto dejamos de estar sobre esa cama de piedra, no sabemos cuanto tiempo pasó, pero al abrir los ojos vimos algo que nos dejó sin habla:

Estábamos paradas en la cima de Everest, nos miramos la una a la otra sin comprender tan grande prodigio. Entonces le dimos la gloria a nuestro Dios. Nuestros nombres jamás quedarían escritos en ningún registro humano, ni jamás seríamos tampoco tentadas a gloriarnos como si hubiéramos logrado algo por nuestro esfuerzo. Días más tarde, el Señor en toda su gloria se sentó en alturas de la tierra y esto es lo que siempre será recordado.

En cuanto a nosotras, siempre estaremos agradecidas por una experiencia que cambió nuestras vidas. Y como el Apóstol Pablo Diría:

> *Y conozco al tal hombre (si en el cuerpo, o fuera del cuerpo, no lo sé; Dios lo sabe), que fue arrebatado al paraíso, donde oyó palabras inefables que no le es dado al hombre expresar. De tal hombre me gloriaré; **pero de mí mismo en nada me gloriaré, sino en mis debilidades.***
>
> *2 Corintios 12:2-5*

Experiencias como éstas, nos deben siempre conducir a los pies de Cristo y no a la exaltación propia. Si me he atrevido a escribir esto es porque siento la libertad del Espíritu y esto con el propósito de ayudarlos a entender y a creer las cosas que Dios puede hacer con ustedes. En cuanto a mí, he guardado esto por 17 años y escojo, como el Apóstol Pablo gloriarme sólo en mis debilidades.

B) La Facultad De Elevamiento De Las Ruedas

Cuando el Señor empezó a enseñarme las funciones de las ruedas, me di cuenta que no sólo podíamos ser transportados física o espiritualmente, sino que también podíamos ser elevados a las dimensiones del Espíritu.

> *¿Quiénes son éstos que vuelan como nubes, y como palomas a sus ventanas?*
>
> *Isaías 60:8b*

Las nubes se forman al condensarse el vapor que sube del mar o de los grandes asentamientos de agua.

Esta transformación que sufre el agua al convertirse en un elemento ingrávido, es parecido a lo que le sucede a nuestro espíritu cuando es elevado a las dimensiones celestiales del Reino de Dios.

Las ruedas de nuestro espíritu están en continuo movimiento, lo cual produce una cierta frecuencia. Este es el término científico usado para medir qué tan compactas o alargadas son las ondas que producen algunas fuerzas como lo son la luz, el sonido, o los campos electromagnéticos.

La frecuencia de las ruedas aumenta en la medida que éstas giran a mayor velocidad. Ésta, al irse incrementando más y más, produce que nuestro espíritu se levante a dimensiones más altas que la terrenal. Uso el término levantarse porque es la sensación que se siente cuando estamos sintonizándonos con el mundo espiritual. Por eso está escrito:

> *Levántate, resplandece; porque ha venido tu luz, y la gloria de Jehová ha nacido sobre ti.*
>
> *Isaías 60:1*

Cuando la gloria y la luz de Cristo envuelven nuestro espíritu para llenarlo de Él, las ruedas empiezan a girar a velocidades extraordinarias y somos levantados como vapor que se eleva al cielo.

> *Y daré prodigios arriba en el cielo, Y señales abajo en la tierra, Sangre y fuego y vapor de humo;*
>
> *Hechos 2:19*

Es la presencia de Dios la que produce esta aceleración en las ruedas, y entre más intensamente nos sumergimos en Su Espíritu, vamos alcanzando dimensiones cada vez más altas.

Cuando el Apóstol Juan estaba en la Isla de Patmos, dice que él "estaba en el Espíritu"[16]. Estaba en ese estado de quietud en el cual, nuestro espíritu empieza a sintonizarse y a entrar en comunión con el Espíritu de Dios. Estamos en este estado cuando acallamos nuestra mente y nuestras preocupaciones y abrimos las puertas de nuestro espíritu para que la presencia de Dios fluya desde nuestro cuenco de oro.

Desde que Juan entra en este estado, sus ruedas empiezan a girar a gran velocidad. Su espíritu está ahora en la misma frecuencia del cielo y puede ahora ver a Jesucristo en Su cuerpo glorificado.

Esto es igual que la hélice de un avión. Cuando está girando a gran velocidad se vuelve invisible a nuestros ojos, pero si le sacamos una fotografía con una cámara digital vamos a ver las aspas.

Esto se debe a que éstas captan objetos que giran a frecuencias rapidísimas.

Lo mismo es en el mundo espiritual. El Reino de Dios tiene una frecuencia de vibración altísima y cuando nuestras ruedas están girando a niveles bajos o terrenales, no lo podemos ver.

Cuando adoramos en Espíritu y en Verdad o entramos en la quietud del Espíritu, las ruedas cambian nuestra frecuencia y entonces el mundo invisible se hace visible.

Juan, tras ver la gloriosa revelación de Jesucristo y recibir el mensaje de las siete cartas del Apocalipsis, dice algo sumamente interesante. Note que él estaba todavía "en el Espíritu" cuando levanta la vista y mira una puerta celestial.

> *Después de esto miré, y he aquí una puerta abierta en el cielo; y la primera voz que oí, como de trompeta, hablando conmigo, dijo: Sube acá, y yo te mostraré las cosas que sucederán después de estas.*
>
> *Y al instante yo estaba en el Espíritu; y he aquí, un trono establecido en el cielo, y en el trono, uno sentado.*
>
> *Apocalipsis 4:1-2*

Entonces, estando "en el Espíritu" es llevado a otra dimensión espiritual, a un nivel más alto, del otro lado de la puerta. Las diferentes dimensiones del cielo tienen puertas o umbrales donde podemos ver y experimentar cosas más profundas y diversas de Dios.

En ese momento las ruedas aumentaron su frecuencia y lo elevaron a donde Dios lo estaba llamando.

C) La Elasticidad de Las Ruedas

El mundo espiritual no está sujeto ni al tiempo, ni al espacio, ni a las tres dimensiones del mundo material. Entender esto es vital, ya que tratar de concebir el Reino de Dios con sus diferentes planos y profundidades desde las limitantes de nuestro universo es un grave error.

Nosotros medimos por medio del sistema métrico decimal, o por medio de libras, o codos, o de tantas otras medidas que tienen que ver con la materia.

El cielo y sus dimensiones tienen medidas muy diferentes.

La bidimensional la podemos medir tan sólo calculando el alto y el ancho.

La tridimensional, añadiendo el concepto de profundidad. Pero ¿cómo se podrían medir, la cuarta, la quinta o la décima dimensión con las medidas de un mundo físico-material?

Cuando hablamos de cosas celestiales nos vamos a encontrar con frases como estas:

Y midió su muro, ciento cuarenta y cuatro codos, de medida de hombre, la cual es de ángel.

Apocalipsis 21:17

Entonces me fue dada una caña semejante a una vara de medir, y se me dijo: Levántate, y mide el templo de Dios, y el altar, y a los que adoran en él.

Apocalipsis 11:1

¿Por qué le pide Dios que mida el Templo y el Altar, si Dios le dio las medidas al rey David? ¿Cómo se pueden medir los adoradores? Se pueden contar, ¿Pero medir?

La Verdad es que las mecánicas para medir dimensiones espirituales, no tienen nada que ver con nuestro concepto terrenal de medir algo.

A lo que voy, es que lo que tenemos que entender, es que en el mundo espiritual hay una elasticidad que permite que las cosas celestiales se expandan o se restrinjan de acuerdo a como sea necesario.

Dios, por ejemplo quién es omnipresente y ocupa todo lugar. Se puede reducir a hacer su morada dentro del hombre. Todo el cielo, toda la nueva Jerusalén, el trono de Dios, todo puede morar en un sólo individuo.

A veces leemos que Dios es tan grande que la Tierra en toda su inmensidad es tan sólo el lugar de sus pies.

> *El cielo es mi trono, Y la tierra el estrado de mis pies. ¿Qué casa me edificaréis? dice el Señor; ¿O cuál es el lugar de mi reposo?*
>
> *Hechos 7:49*

Pero eso lo haría más pequeño que el sistema solar.

Dice que Él Cabalga sobre un querubín, en las alas del viento; pero es obvio que no es tan pequeño como un querubín. Aprovecho para aclarar que los querubines son ángeles de alto rango encargados de velar sobre la gloria de Dios; no son las cabecitas, con alitas, que ponen en las pinturas religiosas.

> *Inclinó los cielos, y descendió; Y había densas tinieblas debajo de sus pies. Cabalgó sobre un querubín, y voló; Voló sobre las alas del viento.*
>
> *Salmo 18:9-10*

Con todo esto, lo que quiero hacer notar es que en el mundo espiritual las medidas no están restringidas como en el mundo natural.

Tuve una experiencia que me abrió la comprensión sobre la elasticidad de nuestro espíritu. Estaba en oración preparándome para una batalla espiritual en contra de terribles espíritus de hechicería que gobernaban México. En aquel entonces vivía en el doceavo piso de un edificio moderno. Tenía grandes ventanales que llegaban hasta el piso y al pegarse uno a estos llegaba a dar vértigo.

Mientras oraba me paré tan cerca que podía ver la acera de la calle como si estuviera prácticamente en el aire, en ese momento el Señor me hizo una pregunta - ¿Cuantas hormigas ves en el pavimento, frente al edificio?

La pregunta me pareció rarísima, ya que era imposible ver algo así desde un piso doce, así que contesté con toda honestidad: Ninguna Señor, si las hay son demasiado pequeñas para poderlas mirar.

Al estar diciendo esto, vi mi espíritu crecer y literalmente me vi como un gigante parada en la acera. Entonces me dijo el Espíritu: del tamaño de esas hormigas es el tamaño de tus enemigos. Tu espíritu es tan grande como quieras que sea, o tan pequeño como necesites que sea.

En ese instante mi espíritu creció y se hizo tan grande como la misma ciudad de México y el Señor me dijo: Cubre ahora la ciudad con tu espíritu y desata el Espíritu de resurrección sobre ella, como lo hizo Eliseo sobre el niño que había muerto. Fue increíble entender el poder que tenemos unidos al Espíritu de Dios.

Son las ruedas las que nos dan la facultad de crecer y de encogernos. A veces necesitamos ser pequeñitos o invisibles para pasar desapercibidos en el campo del enemigo, o para hablar en el oído de una persona.

Notas:

[9]Mat. 11:11 De cierto os digo: Entre los que nacen de mujer no se ha levantado otro mayor que Juan el Bautista; pero el más pequeño en el reino de los cielos, mayor es que él.

Mat. 11:12 Desde los días de Juan el Bautista hasta ahora, el reino de los cielos sufre violencia, y los violentos lo arrebatan.

[10]Hech. 8:39 Cuando subieron del agua, el Espíritu del Señor arrebató a Felipe; y el eunuco no le vio más, y siguió gozoso su camino.

[11]Hech. 12:10 Habiendo pasado la primera y la segunda guardia, llegaron a la puerta de hierro que daba a la ciudad, la cual se les abrió por sí misma; y salidos, pasaron una calle, y luego el ángel se apartó de él.

[12]2 Cor. 12:2 Conozco a un hombre en Cristo, que hace catorce años (si en el cuerpo, no lo sé; si fuera del cuerpo, no lo sé; Dios lo sabe) fue arrebatado hasta el tercer cielo.

Y el Apóstol Juan en todo el Apocalipsis.

[13]Zona entre los paralelos 10 y 40, la cual era la zona menos evangelizada del mundo en los 1990s.

[14]Monte Everest 8848 metros sobre el nivel del mar.

[15]Verónica Cabrera de México D.F.

[16]Apocalipsis 1:10 Yo estaba en el Espíritu en el día del Señor, y oí detrás de mí una gran voz como de trompeta,

Capítulo 8

ÓRGANOS, SISTEMAS Y FUNCIONES DEL ESPÍRITU

Hemos ya visto lo que sería la parte externa de nuestro espíritu, como se ve a primera vista, con su cántaro de oro, su cordón de plata, y sus ruedas.

Ahora vamos a ir a la parte más interna dónde se encuentran los diferentes órganos de nuestro espíritu.

1. Los Siete Espíritus De Dios

Cuando el Apóstol Juan ve a Jesús en su gloria, lo mira en medio de siete candelabros y éstos son sumamente importantes para entender la vida, la luz y el entendimiento de cómo funciona nuestro ser más interno. Ya que todo lo que es el postrer Adán, es la imagen de lo que tiene que ser vivificado en nuestro espíritu.

Jesús es la vida de todo lo creado y es la sustancia de la que está conformado nuestro espíritu. Todo espíritu proviene de Dios y vuelve a Dios quién lo dio (Eclesiastés 12:7). Todas las cosas por Él subsisten, y en Él, estamos, nos movemos y somos. Esa vida cómo la describe el evangelio de Juan, es la luz de los hombres.[17] Es de la vida de Jesús, que somos iluminados para tener entendimiento en nuestro espíritu.

Cuando estaba erguido el Tabernáculo de Moisés, la única pieza en el mobiliario que tenía luz, era el candelabro de siete brazos que estaba en el Lugar Santo. Éste era símbolo del Espíritu Santo, que tras el Pentecostés estaría en el interior de todos los creyentes.

Por esta razón es que Jesús se mueve en medio de los siete candeleros, significando que es el Espíritu Santo, el que hace vivir Su Iglesia. **Jesús está donde está la Iglesia de Su diseño.**

Y me volví para ver la voz que hablaba conmigo; y vuelto, vi siete candeleros de oro,

y en medio de los siete candeleros, a uno semejante al Hijo del Hombre, vestido de una ropa que llegaba hasta los pies, y ceñido por el pecho con un cinto de oro.

El misterio de las siete estrellas que has visto en mi diestra, y de los siete candeleros de oro: las siete estrellas son los ángeles de las siete iglesias, y los siete candeleros que has visto, son las siete iglesias.

Apocalipsis 1:12-13 y 20

Ahora bien lo que es verdad para el cuerpo, es verdad para cada uno de sus miembros. Luego, si la vida de la Iglesia está en su candelabro, nuestro espíritu también también tiene el suyo propio.

El Espíritu de Dios se difracta por decirlo de alguna manera, o se manifiesta en siete Espíritus, que son parte de Jesús en Su gloria.

La visión de Juan en el Apocalipsis los describe como ojos en medio del Cordero. Los cuernos representan Su señorío total y los ojos el impacto de Su espíritu sobre toda la tierra.

> *Y miré, y vi que en medio del trono y de los cuatro seres vivientes, y en medio de los ancianos, estaba en pie un Cordero como inmolado, que tenía siete cuernos, y siete ojos, los cuales son* **los siete espíritus** *de Dios enviados por toda la tierra.*
>
> *Apocalipsis 5:6*

El poder de Su espíritu y la amplísima gama de lo que Él es, es nuestra herencia y la conformación interna de quienes somos.

Lo que tiene el postrer Adán, es lo que tenemos los hijos de Dios, nacidos de Su genética y de Su Espíritu.

> *Y reposará sobre* ***él el Espíritu de Jehová; espíritu de sabiduría y de inteligencia, espíritu de consejo y de poder, espíritu de conocimiento y de temor de Jehová.***
>
> *Isaías 11:2*

> *Y del trono salían relámpagos y truenos y voces; y delante del trono ardían siete lámparas de fuego, las cuales son los siete espíritus de Dios.*
>
> *Apocalipsis 4:5*

Estos siete espíritus, vienen a nosotros cuando Jesús entra a vivir en nuestras vidas. Pero no están activos inmediatamente, se van encendiendo en la medida que desarrollamos nuestro espíritu, al permitir que Cristo se forme en nosotros.

Hijitos míos, por quienes vuelvo a sufrir dolores de parto, hasta que Cristo sea formado en vosotros.

Gálatas 4:19

Si viéramos nuestro espíritu desde la coronilla de la cabeza, apreciaríamos las siete lámparas ubicadas alrededor del cántaro de oro.

El Espíritu de Jehová se encuentra al centro, en el área de la comunión. Alrededor, está la conciencia (área circular que encierra las llamas) envuelta a su vez por las ruedas del espíritu (círculo exterior). La lámpara del Temor de Dios, reposa junto a la conciencia y a su vez está entrelazada con la sabiduría. Del otro lado, el conocimiento, la inteligencia, y el consejo se interconectan, mientras que el Poder de Dios emana desde adentro, hacia afuera.

Fig. 14 Las Lámparas Encendidas dentro de un Espíritu Completamente Vivificado

Cada uno de estos siete espíritus, rige e ilumina uno o varias partes del espíritu, a las que denominaremos "órgános del espíritu"

2. La Anatomía del Espíritu del Hombre.

Ahora vamos a entrar en una parte maravillosa de nuestro estudio, en que estaremos analizando toda la conformación interna de nuestro espíritu.

La gráfica a continuación, es un dibujo en el que intenté proyectar la visión que Dios me dio del espíritu del hombre. El gran problema con el que me encontré, es que nuestro espíritu es multidimensional y tratar de plasmarlo en una dimensión plana, como lo es este diseño, lo hace inexacto.

Los órganos son volátiles y se mueven como masas de humo luminosas, que pueden entrar y salir de las diferentes esferas del mundo espiritual.

Esto, como comprenderás sería más fácil plasmarlo en un video con efectos especiales; pero pese a esto, mi dibujo nos ayudará a entender cómo estamos configrados.

La comunión, la conciencia, la mente y el corazón espirituales, son los cuatro órganos o componentes principales en el interior de nuestro espíritu. Además de estos, tenemos sistemas que ayudan al funcionamiento de nuestro espíritu; entre estos se encuentran la intuición, el asiento del poder, la herencia, los sentidos espirituales, el sistema motor o ruedas del espíritu, y la vestidura espiritual o morada del espíritu.

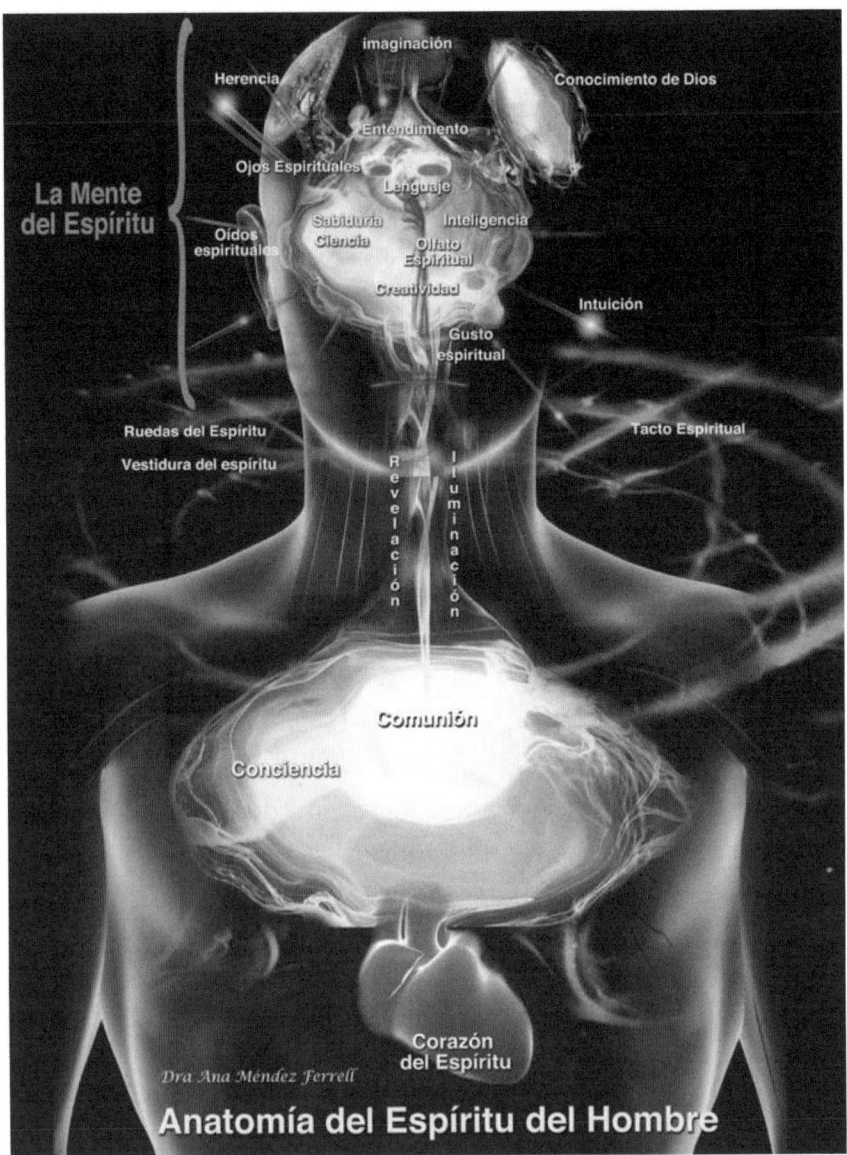

Fig 15. Anatomía del Espíritu del Hombre

A) Los Órganos Centrales de Nuestro Espíritu

a. La Comunión

La comunión, es la parte central de nuestro espíritu y está localizada dentro del cuenco de oro. Anteriormente, al estudiarlo, vimos varias de sus funciones. Esta es la parte donde el Espíritu de Dios está unido con el espíritu del hombre y desde donde mana toda la fuente de vida que alimenta nuestro espíritu. Como vemos en el diagrama, la comunión está rodeada por la conciencia, y conectada por una parte al corazón del espíritu y por los conductos espirituales, a la mente del mismo.

El espíritu que ha sido vivificado por Cristo y ha nacido de nuevo, tiene todas sus partes conectadas a la comunión. Todo lo que viene de Dios a nosotros se establece primero en esta área y luego sube o se proyecta a otras partes del espíritu.

En el caso de una persona recién convertida, Dios, empieza el proceso de despertar las diferentes partes del espíritu que han estado dormidas por el pecado. El irá iluminando y vivificando cada parte a partir del asiento de la comunión.

En el inconverso, el espíritu está completamente separado de Dios y muerto en cuanto a la comunión con él; sin embargo, hay algunas funciones que se mantienen vivas, las cuales analizaremos más adelante.

b. La Conciencia

La conciencia, es una parte sumamente sensible de nuestro espíritu y se encuentra rodeando, la comunión y el corazón, tanto el espiritual como el anímico. Está también conectada por los conductos del espíritu, a la sabiduría y al entendimiento y al brazo del candelabro que corresponde al Espíritu del temor de Dios.

Aunque el pecado apagó esta lámpara en el Edén, se activó una parte de la conciencia, que es la que nos permite conocer el bien y el mal.

sino que sabe Dios que el día que comáis de él, serán abiertos vuestros ojos, y seréis como Dios, sabiendo el bien y el mal.

Génesis 3:5

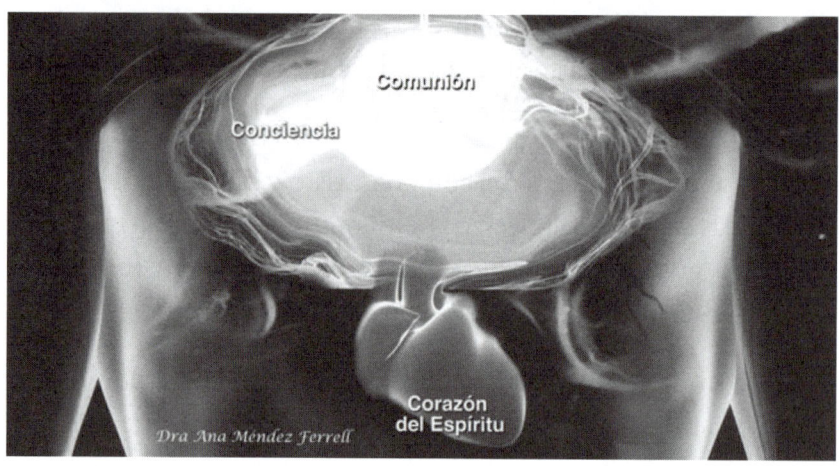

Fig. 16. La Conciencia

Estos ojos, son la luz que ilumina o que le da entendimiento y discernimiento a nuestra conciencia. Ésta, es una de las pocas partes de nuestro espíritu que está despierta dentro de nosotros ya sea que seamos creyentes o inconversos, ya que todos nacemos con la capacidad dada por Dios de discernir lo que es bueno y lo que no lo es.

Porque cuando los gentiles que no tienen ley, hacen por naturaleza lo que es de la ley, éstos, aunque no tengan ley, son ley para sí mismos, mostrando la obra de la ley escrita en sus corazones, dando testimonio su conciencia, y acusándoles o defendiéndoles sus razonamientos.

Romanos 2:14-15

Cuando el hombre peca continuamente, se produce un endurecimiento de la conciencia que la hace cada vez más insensible a la voluntad de Dios, produciendose densos velos de cauterización. El tener esta lampara apagada, conducirá irremediablemente a que el corazón se vuelva de piedra.

Todas las cosas son puras para los puros, mas para los corrompidos e incrédulos nada les es puro; pues hasta su mente y su conciencia están corrompidas.

Tito 1:15

por la hipocresía de mentirosos que, teniendo cauterizada la conciencia.

1 Timoteo 4:2

La incredulidad, la hipocresía y la mentira, como lo muestran estos versículos conllevan al endurecimiento del corazón en la parte que lo rodea, la cual es la conciencia. Este es el estado del alma que se ha enseñoreado y no escucha más la voz interior que quiere impedirle hacer el mal.

Estos velos endurecidos de la conciencia son lo que se llama el prepucio del corazón o la cerviz.

*Circuncidad, pues, el prepucio de vuestro corazón,
y no endurezcáis más vuestra cerviz.*

Deuteronomio 10:16

La conciencia, al estar rodeando el lugar de la comunión, es también una puerta al conocimiento de Dios, y al entendimiento de sus preceptos.

Cuando nos convertimos de corazón, el velo, o prepucio es quitado, permitiendo que la semilla divina entre y se establezca en el área de la comunión. En ese momento la lámpara del Temor de Dios es encendida, y de ahí se irán encendiendo las demás, empezando por la central, que es el Espíritu de Yahué, o Jehová.

*Y aun hasta el día de hoy, cuando se lee a Moisés, el velo
está puesto sobre el corazón de ellos. Pero cuando se
conviertan al Señor, el velo se quitará. Porque el Señor
es el Espíritu; y donde está el Espíritu del Señor, allí hay
libertad. Por tanto, nosotros todos, mirando a cara
descubierta como en un espejo la gloria del Señor, somos
transformados de gloria en gloria en la misma imagen,
como por el Espíritu del Señor.*

2 Corintios 3:15-18

Al recibir genuinamente el Espíritu de Dios en nuestro cuenco de oro, somos expuestos a la luz, la cual nos va transformando en la medida que nuestro candelabro es encendido al mirar la gloria de Dios.

Ahora estamos listos para que el Señor inscriba Sus leyes en nosotros, para caminar en justicia conforme a Su voluntad.

Y les daré un corazón, y un espíritu nuevo pondré dentro de ellos; y quitaré el corazón de piedra de en medio de su carne, y les daré un corazón de carne,

Ezequiel 11:19

Esto es un corazón sensible, flexible y enseñable, al cual el Padre puede entrenar y aconsejar para formarnos como Sus verdaderos hijos.

Bendeciré a Jehová que me aconseja; Aun en las noches me enseña mi conciencia.

Salmo 16:7

Al encenderse la lámpara del "Temor de Dios", también se enciende la de la sabiduría, ya que ambas luces trabajan de la mano.

El principio de la sabiduría es el temor de Jehová; Buen entendimiento tienen todos los que practican sus mandamientos;

Salmo 111:10ª

I. La Lámpara Del Cuerpo

La conciencia, la cual rodea a la comunión, es lo que se llama la "Lámpara del cuerpo", y determina el nivel de luz de una persona. A esto se refirió Jesús cuando habló acerca de nuestro "ojo". No habló de nuestros ojos físicos sino de una parte de nuestro ser interior , el cual determina cuánta luz o cuántas tinieblas hay en nosotros.

Conciencia = lámpara del cuerpo

La lámpara del cuerpo es el ojo; así que, si tu ojo es bueno, todo tu cuerpo estará lleno de luz; pero si tu ojo es maligno, todo tu cuerpo estará en tinieblas. Así que, si la luz que en ti hay es tinieblas, ¿cuántas no serán las mismas tinieblas?

Mateo 6:22-23

¿Y por qué miras la paja que está en el ojo de tu hermano, y no echas de ver la viga que está en tu propio ojo? ¿O cómo dirás a tu hermano: Déjame sacar la paja de tu ojo, y he aquí la viga en el ojo tuyo? ¡Hipócrita! saca primero la viga de tu propio ojo, y entonces verás bien para sacar la paja del ojo de tu hermano.

Mateo 7:3-5

Una conciencia corrompida, ya sea por pecado, por incredulidad, por heridas del alma, o por religiosidad, todo lo ve malo. Su conciencia se volvió un verdugo para los demás, y está cauterizada para dar o recibir el verdadero amor.

Todas las cosas son puras para los puros, mas para los corrompidos e incrédulos nada les es puro; pues hasta su mente y su conciencia están corrompidas.

Tito 1:15

c. La Mente Del Espíritu

Ésta es una de las partes más importantes de nuestro espíritu, y donde se encuentran la mayoría de nuestras lámparas.

Un espíritu despierto va creciendo hasta irse formando totalmente la mente de Cristo en él.

Como hemos dicho anteriormente todo lo concerniente a Dios, Su conocimiento, revelación, y todo lo que implican Sus pensamientos, sube del área de la comunión hacia la mente espiritual.

Desde este lugar suben los designios y los tesoros escondidos de Dios a manera de revelación o iluminación.

I. El Amor Es El Poder Que Despierta La Mente Del Espíritu

Cuando somos ejercitados en el amor y en el conocimiento de Dios por la fe, Él nos abre Sus misterios y Sus secretos más guardados.

> *para que sean consolados sus corazones, unidos en amor, hasta alcanzar todas las riquezas de pleno entendimiento, a fin de conocer el misterio de Dios el Padre, y de Cristo, en quien están escondidos todos los tesoros de la sabiduría y del conocimiento.*
>
> *Colosenses 2:2-3*

Sin amor, el conocimiento envanece, por eso Dios reserva sus joyas más preciadas a los que aman de verdad. Amar, no es ser agradable y amoroso con los demás o con Dios mismo. Amar es la naturaleza misma del Padre, que dio a su Hijo unigénito por nosotros. El amor está lleno de justicia, de sacrificio, de generosidad, de negación a uno mismo. El amor es la santidad de Dios manifestada y sin amor no hay santidad. Son aguas de Vida que manan de nuestro espíritu para ir vivificando todo nuestro ser interior. Es el fuego que enciende nuestras lámparas. Es la luz que ilumina el entendimiento y abre los jos del espíritu.

La luz que produce el amor irradia a través de la conciencia, mirando a los demás con gracia y favor, cómo Dios nos miró a nosotros también.

> *Porque el amor de Cristo nos constriñe, pensando esto: que si uno murió por todos, luego todos murieron; y por todos murió, para que los que viven, ya no vivan para sí, sino para aquel que murió y resucitó por ellos. De manera que nosotros de aquí en adelante a nadie conocemos según la carne; y aun si a Cristo conocimos según la carne, ya no lo conocemos así.*
>
> *2 Corintios 5:14-16*

> *para que os dé, conforme a las riquezas de su gloria, el ser fortalecidos con poder en el hombre interior por su Espíritu;*
>
> *para que habite Cristo por la fe en vuestros corazones, a fin de que, arraigados y cimentados en amor,*
>
> *seáis plenamente capaces de comprender con todos los santos cuál sea la anchura, la longitud, la profundidad y la altura,*
>
> *y de conocer el amor de Cristo, que excede a todo conocimiento, para que seáis llenos de toda la plenitud de Dios.*
>
> *Efesios 3:16-19*

Tratar de recibir y entender la mente de Cristo sin estar cimentados en todas las formas y alcance de Su amor, es imposible, ya que ésta es la fuente de todo conocimiento.

II. Las Diferentes Partes de La Mente Espiritual

Para hacer más comprensible nuestro estudio, voy a separar los diferentes componentes de la mente en 6 sectores:

a) Órganos de Conocimiento

b) La Creatividad

c) El Lenguaje

d) Los Sentidos Espirituales

e) La Intuición

f) La Herencia

a) Órganos de Conocimiento

Voy a separar en dos, este tipo de órganos. El primero va a ser un conjunto de ellos, que operan interrelacionándose uno con el otro. Éste, está compuesto por el entendimiento, la ciencia, la inteligencia y la sabiduría, y va a ser la parte esencial de la mente espiritual.

El segundo, es un un órgano que le va a servir de instrumento al primero y es la imaginación.

a. 1. El Entendimiento, La Ciencia, La Inteligencia y la sabiduría.

El Entendimiento, es el órgano que recibe la luz y la revelación que provienen de la comunión y lo decodifica para que nuestra mente natural, lo pueda expresar a manera de conocimiento. Éste, se apoya en la ciencia, en la sabiduría y en la inteligencia espirituales, para conducirnos a "toda verdad revelada".

121

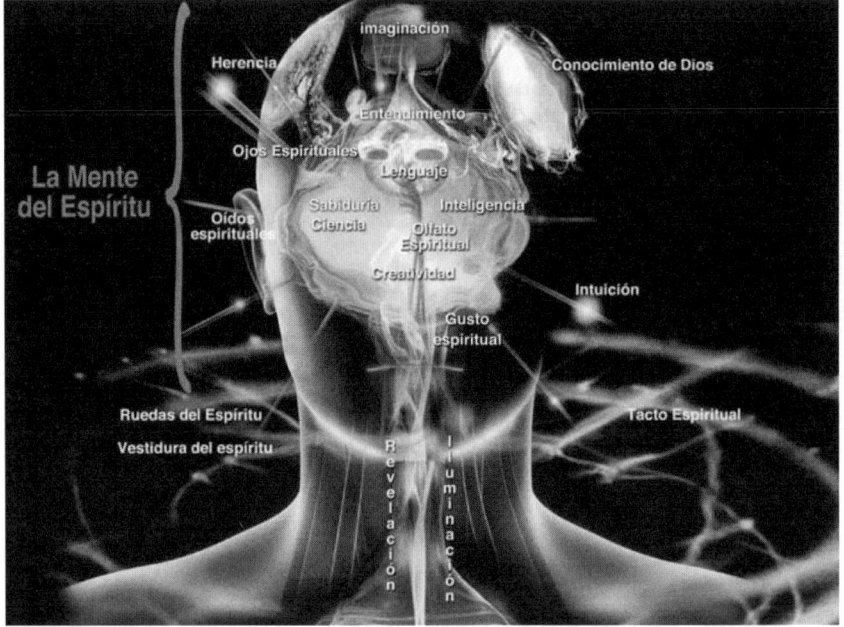

Fig. 17 La Mente Del Espíritu y Sus Componentes

Cuando recibimos una visión, un sueño, una palabra Rehma,[18] o una escritura que al leerla palpita en nuestro espíritu, ésta sube al área del entendimiento para ser procesada.

Por ejemplo, tomemos el caso de un sueño que sabemos que proviene de Dios; hay los que son complicados de entender por su simbología e interpretación, la cual tiene que venir de Dios para que no cometamos errores.

> *por cuanto fue hallado en él mayor espíritu y ciencia y entendimiento, para interpretar sueños y descifrar enigmas y resolver dudas; esto es, en Daniel, al cual el rey puso por nombre Beltsasar. Llámese, pues, ahora a Daniel, y él te dará la interpretación.*
>
> *Daniel 5:12*

Cuando despertamos y meditamos en el sueño, muchas veces es confuso, pero sabemos que si perseveramos en inquirir de Dios la interpretación, Él la dará.

El sueño que salió de la comunión, para comunicarnos un misterio o darnos alguna advertencia, sube por los conductos de la revelación y entra al decodificador, o entendimiento.

Éste la procesa y de pronto se nos "prende la luz" y entendemos lo que Dios nos quizo decir.

Lo mismo sucede con un invento que viene del cielo. Al principio como que lo percibimos vagamente, no podemos ver con claridad toda su forma y partes, pero al meditar en él, lo captamos en plenitud.

Es en estas áreas del espíritu, donde operan los dones proféticos del Espíritu de Dios: palabra de ciencia, palabra de sabiduría y profecía.

El enemigo está sumamente interesado en velar esta área de nuestro espíritu, porque es ahí donde Cristo y sus misterios, nos son revelados. Cuando él percibe pecado, incredulidad y una conversión mental y religiosa, inmediatamente establece un velo que ciega el entendimiento.

en los cuales el dios de este siglo cegó el entendimiento de los incrédulos, para que no les resplandezca la luz del evangelio de la gloria de Cristo, el cual es la imagen de Dios.

2 Corintios 4:4

Muchas personas, que se llaman Cristianas, tienen un conocimiento de la salvación, pero no pueden ver a Cristo en Su Gloria como solución a todos sus problemas aquí en la Tierra.

Viven en incredulidad porque sus corazones nunca se han convertido genuinamente.

Pero el entendimiento de ellos se embotó; porque hasta el día de hoy, cuando leen el antiguo pacto, les queda el mismo velo no descubierto, el cual por Cristo es quitado.

> *Y aun hasta el día de hoy, cuando se lee a Moisés, el velo está puesto sobre el corazón de ellos. Pero cuando se conviertan al Señor, el velo se quitará.*
>
> *2 Corintios 3:14-16*

a. 2. La Imaginación

Está es la pantalla visual de nuestro espíritu. Está conectada directamente a la comunión, al entendimiento y la creatividad; y en el alma, a la mente y al corazón. Recibe ya sea de Dios o de nuestra mente carnal las imágenes visuales que percibimos en nuestro interior.

Los de corazón puro, reciben visiones y sueños que provienen de Dios. Es ahí donde podemos ver a Dios a través del Espíritu Santo.

> *Bienaventurados los de limpio corazón, porque ellos verán a Dios.*
>
> *Mateo 5:8*

> *Todavía un poco, y el mundo no me verá más; pero vosotros me veréis; porque yo vivo, vosotros también viviréis.*
>
> *Juan 14:19*

Una mente y un corazón perversos, concebirán imaginaciones del mal.

Las riquezas del rico son su ciudad fortificada, Y como un muro alto en su imaginación.

Proverbios 18:1

y vosotros habéis hecho peor que vuestros padres; porque he aquí que vosotros camináis cada uno tras la imaginación de su malvado corazón, no oyéndome.

Jeremías 16:12

Mientras un corazón no esté purificado por el conocimiento de la Verdad, irremediablemente enviará imágenes corruptas y mentirosas a la imaginación.

El dicho popular "todo es del color del cristal con que se mira", se aplica claramente a cómo el corazón pervierte la verdad por las imágenes que provienen de la memoria.

Una persona que ha sido traicionada, imaginará que nadie en el mundo es digno de su confianza. Otra, entrenada a creer en el fin del mundo, imaginará todo tipo de calamidades mundiales.

Alguien con un trauma, verá en su pantalla espiritual todo tipo de cosas que la aterrorizan.

La imaginación es sumamente poderosa porque al estar ligada al corazón y a la memoria, ejerce una gran influencia sobre la voluntad. Hay veces que Dios nos pide algo, tal vez difícil, en aras de romper una estructura de pensamiento o de comportamiento; en ese momento la imaginación va enviar imágenes para evitar que demos ese paso.

Por ejemplo, Dios quiere hacernos libres de medicamentos y nos pide que dejemos de tomar cierta medicina.

El miedo, proveniente del alma caída envía señales a la imaginación y la persona fabrica toda una historia mental de cómo su cuerpo va irse destruyendo por la falta de medicamento.

El espíritu está dispuesto, pero la débil carne se apodera de la imaginación y de la voluntad para poner todo tipo de obstáculos.

Si el espíritu se sobrepone y se para en La Verdad, entonces enviará a la imaginación toda una proyección victoriosa y llena de fe.

La enseñanza equivocada o certera de la Biblia, hace a la gente tener visiones que tienen que ver con esa forma de pensar que les ha sido inducida.

Normalmente cuando un persona está desarrollando sus sentidos proféticos, estos se van a ver afectados por la forma de pensar o de creer de esa persona.

La gente que cree en una doctrina determinada, tendrá visiones o sueños al respecto. El que nunca ha oído esa teoría no verá nada a ese respecto.

Lo que creo se proyecta en mi imaginación. Cada quien es, tiene y recibe, lo que decide creer.

De ahí la importancia de tener una revelación personal y directa de Cristo en nuestras vidas y no vivir en base a las revelaciones de una tercera persona, por más maravillosas que éstas nos parezcan.

Considero sumamente importante que entendamos que este órgano anímico y espiritual debe estar completamente consagrado a Dios. Debemos cerrar toda conexión entre el corazón caído y la memoria corrompida.

Al estudiar las puertas del espíritu aprenderemos a proteger este órgano, para que sea usado sólo por el Espíritu de Dios.

Es en esta pantalla que se proyectan la mayoría de los sueños, los que provienen de Dios, y los que vienen infiltrados por el diablo, llenos de mentira y opresión. También los que vienen de nuestra propia alma que está continuamente tratando de expresarse.

b) La Creatividad

Ésta es una de las partes que más se activa cuando el espíritu ha despertado, ya que Dios es esencialmente creador.

Mientras el espíritu se encuentra en estado de adormecimiento, el alma toma la función creativa. Dios, en su inmenso amor le ha dado a creyentes e incrédulos la facultad de crear y de inventar grandes cosas. Cuando Él nos hizo a imagen y semejanza Suya, puso en nosotros facultades extraordinarias y muchas de éstas permanecieron después de la caída, entre ellas, la creatividad.

El más grande inventor del universo es Dios y es Él quien a través de las edades ha ido revelándole al hombre toda la ciencia, la tecnología, lo mismo que la música, y todas las artes.

Desgraciadamente el alma que no conoce al Señor, usará todo esto para fines egoístas, para exaltarse a sí misma, para hacer grandes fortunas y muchas veces para planes malignos.

Si todos los avances tecnológicos, científicos y artísticos estuvieran en manos de los hijos de Dios, el mundo sería diferente, y algún día lo será. Lo importante ahora, es entender que si todo lo que ha logrado el hombre ha sido en su mayoría por medio de gentes que no tenían a Dios, imagine lo que podemos lograr con un espíritu unido al Creador.

La creatividad es un río interminable de sabiduría, de inteligencia y entendimiento. Es la fuente de donde surge toda la belleza que corona los cielos y la tierra. Es tocar a Dios, es sumergirse en los más maravillosos torrentes de música y de resplandor.

Es el palpitar de la vida misma que continuamente se renueva y se transforma, y nos lleva a crear una sociedad que está en continua evolución y cambio. Cuando dejamos de crear, empezamos a morir.

Por eso la monotonía, las estructuras rígidas y limitantes de la religión y de los sistemas del mundo van matando nuestro espíritu. La creatividad, es nuestra esencia vital que continuamente está buscando innovar e inventar desde las formas más simples, como es crear un momento feliz, hasta la búsqueda infinita de conquistar todos nuestros sueños.

Este es el lugar, donde Dios envía Sus diseños, Sus inventos y todo lo que tiene que ver con crear algo. Es el laboratorio del espíritu y el telescopio para sondear y para entrar en las más extraordinarias experiencias con Dios.

Este es un punto, donde convergen varias corrientes del espíritu provenientes de la comunión, de la sabiduría y de la inteligencia. De ahí, los conceptos suben a la imaginación y son procesados por el entendimiento.

Para poder producir lo que viene del corazón y la inteligencia de Dios, va a ser necesario tener un corazón limpio. Cuando analicemos el corazón, veremos la tremenda influencia que tiene para abrir o bloquear lo que viene de nuestro espíritu.

Cuando Jesús dijo: "bienaventurados los de limpio corazón porque ellos verán a Dios", no sólo se refiere a la revelación de Su imagen, sino a todo lo que Él es.

Dios me ha honrado con Su creatividad para pintar y crear todo tipo de arte visual estático o cinematográfico. Esto me ha llevado a conocer a muchos artistas gráficos que tienen en su corazón crear para el Reino de Dios y usar sus talentos para Su gloria.

Desafortunadamente, me he encontrado con un problema bastante común. El querer crear para Dios no es tan sólo anhelar y ponerse manos a la obra. La creatividad tiene que ser revelada por Dios y está íntimamente relacionada con la condición del corazón. Entre más libre y limpia de alma es una persona, más los torrentes de revelación para crear abundarán en su vida. De no ser así, los conflictos y tinieblas del alma surgirán continuamente en la obra de estos artistas.

c) El Lenguaje

Esta es una de las áreas que más me apasionan, ya que mi corazón se desborda por comunicar el Reino de Dios a las naciones y en sus lenguas.

El lenguaje es una de las claras evidencias que el hombre no proviene de una creación espontanea y una evolución del mono.

Hablamos y nos comunicamos porque Dios, es un Dios que habla y puso en el hombre la capacidad de expresar sus pensamientos y sus sentimientos a través de la palabra. Jesús mismo es La Palabra encarnada o el Verbo hecho carne. Todo fue hecho por medio de "La Palabra" que trajo todas las cosas de lo invisible a lo visible.

Y "DIJO DIOS…y fue hecho".

El lenguaje proviene del espíritu y es desde éste lugar que fluye toda palabra que sale de nuestra boca, seamos creyentes o no.

c. 1. El Milagro de Hablar Un Idioma

Cuando nacemos en este mundo, nuestro espíritu que viene de Dios está completo, pero el alma está en proceso de desarrollo. Parte de ella se formó en el vientre de nuestra madre y otra parte se irá formando por medio de la cultura y la información que recibamos. Nuestros padres y la sociedad donde nos desenvolvamos serán factores importantes para nuestro desarrollo anímico.

Durante este proceso el espíritu está enviando al alma todos los elementos necesarios para almacenar, decodificar y entender las palabras que oímos.

Durante los primeros años de vida, nuestra alma está cazando y almacenando, todas las palabras que se hablan alrededor nuestro.

El espíritu entonces envía al alma por revelación la estructura de ese idioma. El bebé, para llegar a hablar, no tendrá que estudiar gramática ni el orden apropiado para organizar una frase, o expresarla en pretérito, subjuntivo, condicional o cualquier otro tiempo gramatical. Esto viene por revelación del Espíritu.

Dios me ha regalado sobrenaturalmente el poder hablar seis idiomas. La mayoría los recibí por el Espíritu Santo en un abrir y cerrar de ojos mientras predicaba en una plataforma extranjera.

Estos milagros, hicieron que fijara mi atención en esta extraordinaria parte de Dios con la que Él dotó al hombre.

Todos los idiomas fueron dados al hombre en un segundo, en la confusión que Dios envió a los edificadores de la torre de Babel. Esto fue con el propósito de estorbar los planes de satanás para que no pudiera poner al mundo en un acuerdo lo cual ha sido siempre su propósito.[19]

También el día de Pentecostés, Dios les dio a los discípulos en el aposento alto los idiomas del mundo en un segundo, para que pudiesen llevar el Evangelio a todas las naciones.

> *Y hecho este estruendo, se juntó la multitud; y estaban confusos, porque cada uno les oía hablar en su propia lengua.*
>
> *Hechos 2:6*

Si observamos, en ambos casos, los idiomas fueron dados por Dios en un segundo, esto nos dice que los idiomas no se reciben primero en la mente sino en el espíritu. La mente razona, pero el espíritu fluye. Cuando hablamos corrientemente no nos detenemos a pensar si tenemos que poner primero el sujeto gramatical, luego el verbo y por último el complemento, simplemente hablamos. Es como un río que sale de nosotros y este fluir sólo puede provenir del espíritu.

La mente puede memorizar un poema o un discurso, puede analizar cómo escribir mejor una frase en un libro o en un folleto publicitario; pero no es eso lo que nos hizo hablar cuando éramos niños.

Ahora volviendo al bebé. Te has preguntado alguna vez, por qué un bebé al que siempre se le habló en segunda persona, o sea refiriéndose a él de "tu", cuando empieza a hablar usa la primera persona: "quero lete" (quiero leche). ¿Por qué sabe conjugar un verbo? Es fácil que asocie un objeto con una palabra, pero el milagro es mucho más profundo que eso.

Tras de almacenar en el depósito del lenguaje todas las palabras que está oyendo, el espíritu empieza a formar en la mente una estructura en la que va a poner todas estas palabras.

En ésta se encuentran todas las formas gramaticales que le ayudarán a formar frases para empezar a hablar. Cada idioma tiene una estructura diferente que tiene que ser trasladada del espíritu a la mente natural.

En el área del lenguaje la mente espiritual y la natural por lo general se encuentran unidas. Esta es una de las partes del espíritu que permanece activa a pesar que las partes vitales del espíritu estén todavía adormecidas.

Una vez que las palabras y la estructura están en posición, el entendimiento las decodifica, revelando a nuestra mente natural su significado. En ese momento el bebé o la persona que quiere hablar un nuevo idioma, empieza a hablar.

Si tu espíritu ha sido despertado por Dios y quieres hablar una lengua extranjera, pídesela al Espíritu Santo, creyendo.

Un buen ejercicio para recibir un idioma es leer la Biblia en dicha lengua. Escoge un pasaje que conozcas de memoria y léelo varias veces en el idioma extranjero con el corazón abierto. Te vas a sorprender cómo el entendimiento empieza a decodificar una palabra y luego otra hasta que literalmente lo entiendes por completo.

Es importante empezar a hablar aunque a veces inventemos palabras o las deformemos igual que lo hace un bebé. Para aprender a caminar tuviste que ponerte de pie y dar tus primeros pasitos, lo mismo hiciste cuando empezaste a hablar.

Estas primeras palabras van a conectar tu oído, con tu voz y con el entendimiento. Si sólo repites palabras en tu mente, esta estructura no se formará, es necesario hablar.

d) Los Sentidos Espirituales

El alma percibe el mundo natural y su realidad a través de los sentidos físicos y de esta misma manera el espíritu percibe la realidad invisible y eterna por medio de sentidos espirituales.

d.1. Los ojos

La Biblia nos habla de varios ojos espirituales en nuestro espíritu. En nuestra gráfica sólo puse un par de ellos ya que me encontraba limitada a diseñar en una forma plana algo que es multidimensional y quise hacerlo comprensible para ustedes.

Ojos del Entendimiento

alumbrando los ojos de vuestro entendimiento, para que sepáis cuál es la esperanza a que él os ha llamado, y cuáles las riquezas de la gloria de su herencia en los santos.

Efesios 1:18

Dios llamó a Pablo y a cualquiera que se llame ministro de Dios a abrir los ojos del entendimiento, ya que si estos permanecen cerrados las personas no pueden dejar las tinieblas y venir a la luz.

Pero levántate, y ponte sobre tus pies; porque para esto he aparecido a ti, para ponerte por ministro y testigo de las cosas que has visto, para que abras sus ojos, para que se conviertan de las tinieblas a la luz, y de la potestad de Satanás a Dios.

Hechos 26:16ª y 18ª

Estos ojos están directamente conectados a la conciencia y al entendimiento, y tienen como objetivo hacer que la gente pueda ver con claridad su condición y entienda su necesidad de salvación y de reconciliación con Dios. Estos se abren cuando la gente busca a Dios con corazón sincero, contrito y humillado. En muchas personas que aparentemente siguen a Cristo estos ojos permanecen cerrados, porque nunca se han convertido de corazón, sino que siguen una religión. Entonces se da la situación de la cual Jesús habló: oyendo no oyen y viendo no ven.[20]

Ojos Para Mirar En La Dimensión Invisible

Nuestro espíritu fue creado con ojos capaces de ver en las dimensiones del Reino de Dios. Estos ojos se abren con el nuevo nacimiento y se perfeccionan en la medida que los ejercitamos proféticamente.

> *Entonces tomó su parábola, y dijo: Dijo Balaam hijo de Beor, Y dijo el varón de ojos abiertos; Dijo el que oyó los dichos de Dios, El que vio la visión del Omnipotente; Caído, pero abiertos los ojos:*
>
> *Números 24:3-4*

Los Siete Ojos de Dios Dentro de Nuestro Espíritu

> *Y miré, y vi que en medio del trono y de los cuatro seres vivientes, y en medio de los ancianos, estaba en pie un Cordero como inmolado, que tenía siete cuernos, y siete ojos, los cuales son los siete espíritus de Dios enviados por toda la tierra*
>
> *Apocalipsis 5:6*

Donde están los siete Espíritus de Dios también están Sus ojos, y estos nos ayudan a ver y a entender de la manera en que Dios lo hace.

d. 2. El Oído Espiritual

Este es un órgano muy importante ya que es a través de éste que Dios se comunica. Los oídos se encuentran en la parte trasera de nuestro espíritu, en el área que corresponde a la nuca y están también conectados a la comunión, a la conciencia y al corazón.

Entonces tus oídos oirán a tus espaldas palabra que diga: Este es el camino, andad por él; y no echéis a la mano derecha, ni tampoco torzáis a la mano izquierda.

Isaías 30:21

A éste tipo de oído es al que se refería Jesús cuando decía:

El que tiene oído, oiga lo que el Espíritu dice a las iglesias.21 Este oído cuando está despierto, nos conduce al Temor de Dios, a la búsqueda de Sus Riquezas insondables y a la revelación. La fe, la cual se encuentra dentro de la comunión se activa y se fortalece cuando oímos con un corazón abierto. Así que la fe es por el oír, y el oír, por la palabra de Dios.

Romanos 10:7

Esto lo veremos con más detalle al estudiar el corazón.

d. 3. El Gusto Espiritual

Este sentido ha sido desarrollado por muy pocas personas. El Apóstol Juan, comió el librito que le fue dado por el ángel y le fue dulce en la boca y amargo en el vientre.

También el profeta Ezequiel se comió el rollo que le dio el Señor y tuvo esta misma experiencia.

Mi esposo Emerson ayuna a veces hasta 200 días al año o más y me cuenta que han bajado ángeles con comida celestial para fortalecerlo y lo describe como una luz líquida de sabor dulce.

d. 4. El Olfato Espiritual

Dios dotó nuestro espíritu con la capacidad de oler el mundo espiritual. Y es uno de los sentidos frecuentemente desarrollados entre los que tienen el don de discernimiento de espíritus.

Los espíritus inmundos hieden, lo mismo que el pecado, el cual acarrea en sí la muerte. Dios nos adiestra para poder identificar de qué espíritu se trata.

Gente que ha salido de pecados sexuales fuertes, fácilmente identifican por el olor de una persona si ésta se encuentra en una situación semejante. Lo mismo sucede con personas que han salido de drogas o del ocultismo.

También del lado celestial, hay aromas maravillosos que se manifiestan con la presencia de Dios. La adoración genuina que sale del espíritu produce fragancias que son sumamente gratas a Dios.

El mismo Jesús lleva por sobrenombre la Rosa de Sarón y el Lirio de los valles; esto es por la frecuencia tan alta que contienen tanto Él como los aceites aromáticos provenientes de estas flores.

Los aromas de estas flores al igual que la del nardo tienen tal impacto en el mundo espiritual que aún los demonios se manifiestan cuando huelen estos aceites.

Cuando María rompió el perfume de nardo contenido en el vaso de alabastro, los demonios en Judas se manifestaron e hicieron que de ahí saliera a traicionar a Jesús.

Mi esposo, quien es experto en aromas tiene un libro llamado "El Soplo de Dios, en los Aceites Esenciales". En este libro, él explica las poderosas revelaciones que ha recibido sobre los aromas celestiales y su influencia en el mundo espiritual.

Dios es un Dios que ama y se deleita en los aromas; y por eso Él mismo determinó una unción especial y un ministerio de "perfumador", para que un escogido suyo se encargase de las fragancias santas.

Este ministerio era docto en el impacto espiritual contenido en los aromas y en la forma de mezclarlos, conforme al Espíritu Santo.

Este no era un ministerio para hacer perfumes como los que se adquieren en el comercio, con el fin de oler bien o de ser más atractivo al sexo opuesto.

Y harás de ello el aceite de la santa unción; superior ungüento, según el arte del perfumador, será el aceite de la unción santa.

Éxodo 30:25

Ésta revelación de los aromas de Dios es muy importante, porque nos conecta a las fragancias y a las frecuencias del cielo, y es un instrumento poderoso para que nuestro espíritu se vaya sensibilizando.

De la misma manera que un verdadero adorador profético escucha los sonidos del cielo, el perfumador huele las fragancias del cielo.

Para Dios, no sólo las flores tienen fragancia, el amor, la obediencia, la generosidad y el sacrificio sueltan en el mundo espiritual un olor fragante que llega hasta Dios.

Y andad en amor, como también Cristo nos amó, y se entregó a sí mismo por nosotros, ofrenda y sacrificio a Dios en olor fragante.

Efesios 5:2

Pero todo lo he recibido, y tengo abundancia; estoy lleno, habiendo recibido de Epafrodito lo que enviasteis; olor fragante, sacrificio acepto, agradable a Dios.

Filipenses 4:18

d. 5. El Tacto Espiritual

Nuestro espíritu al igual que nuestro cuerpo está recubierto de una piel espiritual que la llamaremos vestidura o habitación del espíritu.

Es ésta, la que le da forma a nuestro espíritu y por eso después de la muerte mantenemos una fisonomía espiritual. También los ángeles y los demonios, quienes son seres espirituales tienen una forma visible que los distingue.

Esta vestidura espiritual va tomando la forma de Cristo en la medida que crecemos en Él y en que nos vamos transformando en su misma imagen.[24]

El Apóstol Pablo entendía la importancia de estas vestiduras, por eso gemía para ser revestido de ellas. En ellas estaba toda la resurrección de Cristo que absorbe todo lo mortal en nosotros.

Y por esto también gemimos, deseando ser revestidos de aquella nuestra habitación celestial; pues así seremos hallados vestidos, y no desnudos. Porque asimismo los que estamos en este tabernáculo gemimos con angustia; porque no quisiéramos ser desnudados, sino revestidos, para que lo mortal sea absorbido por la vida.

2 Corintios 5:2-4

sino vestíos del Señor Jesucristo, y no proveáis para los deseos de la carne.

Romanos 13:14

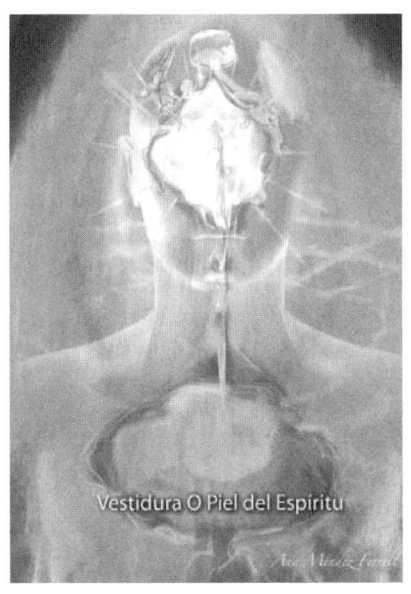

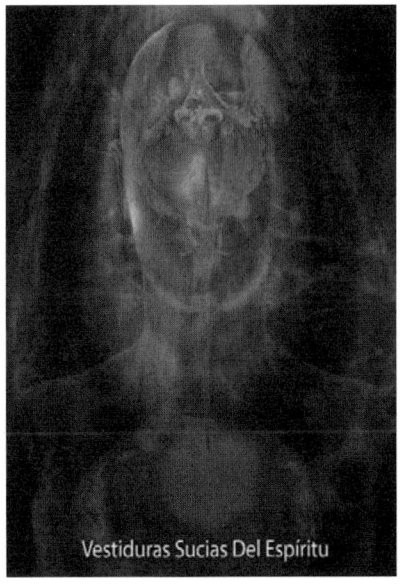

Fig. 18 Vesiduras del Espíritu

Fig 19 Vesiduras Sucias delEspíritu

Las vestiduras, determinan lo que puede penetrar o no, en nuestro ser. Esto es enfermedad, golpes traumáticos causados por la iniquidad de personas que nos quieran dañar o ataques del maligno.

> *Porque Jehová Dios de Israel ha dicho que él aborrece el repudio, y al que cubre de iniquidad su vestido, dijo Jehová de los ejércitos. Guardaos, pues, en vuestro espíritu, y no seáis desleales.*
>
> *Malaquías 2:16*

En este pasaje vemos cómo las vestiduras del espíritu son manchadas con iniquidad haciéndonos vulnerables al mundo espiritual; por eso enfatiza el Señor la palabra "Guardaos".

Cuando nos convertimos a Cristo de corazón, somos revestidos de Su gracia, y esto nos garantiza la salvación si es que permanecemos en Él. Pero ser revestidos del Señor Jesús implica una labor de crecimiento interior.

> *Hijitos míos, por quienes vuelvo a sufrir dolores de parto, hasta que Cristo sea formado en vosotros.*
>
> *Gálatas 4:19*

Cristo se va formando en nosotros como una armadura invencible. Para esto, necesitamos forjar en nosotros la justicia de Dios por la fe, que es nuestra coraza y nuestro escudo y cambiar nuestra mente por la mente de Cristo, la cual es nuestro yelmo de salvación.

Durante el tiempo de la cautividad Babilónica, Josué, el Sumo Sacerdote es visitado por Dios. Los años de cautiverio en medio de tanta contaminación pagana habían contaminado los vestidos de su espíritu y necesitaban ser mudados para la restauración de Israel que estaba por comenzar.

El Señor le da la orden de remover sus ropas viejas y ser vestido de nuevo, no porque a Él le interese el vestido externo, sino porque esto tenía que ver con el interno.

Las ropas de la carne y del alma caída son trapos inmundos, y las del espíritu renovado ropas de gran gala.

> *Y Josué estaba vestido de vestiduras viles, y estaba delante del ángel.*
>
> *Y habló el ángel, y mandó a los que estaban delante de él, diciendo: Quitadle esas vestiduras viles. Y a él le dijo: Mira que he quitado de ti tu pecado, y te he hecho vestir de ropas de gala.*
>
> *Después dijo: Pongan mitra limpia sobre su cabeza. Y pusieron una mitra limpia sobre su cabeza, y le vistieron las ropas. Y el ángel de Jehová estaba en pie.*
>
> *Zacarías 3:3-5*

Recuerdo cuando yo me convertí, el Señor abrió mis ojos espirituales para ver la condición de mi alma. Fue horrible verme a través de los ojos de Dios y mirar mis vestiduras como harapos asquerosos y hediondos por causa del pecado. El verme de tal manera ante la pureza de Dios que me miraba y me llamaba, me hicieron aborrecer el mal, y entregarme a Él con todo mi corazón.

Siempre he considerado una gran bienaventuranza el que Dios nos permita ver la condición de nuestra alma.

A veces pensamos de nosotros mismos, en forma muy diferente a la que realmente somos delante de Él. Jesús habla una parábola muy significativa a este respecto y asemeja el Reino de Dios a una gran boda.

Y entró el rey para ver a los convidados, y vio allí a un hombre que no estaba vestido de boda.

Y le dijo: Amigo, ¿cómo entraste aquí, sin estar vestido de boda? Mas él enmudeció.

Entonces el rey dijo a los que servían: Atadle de pies y manos, y echadle en las tinieblas de afuera; allí será el lloro y el crujir de dientes.

Porque muchos son llamados, y pocos escogidos.

Mateo 22:11-14

El tacto espiritual no es solamente nuestras vestiduras sino la facultad de tocar y percibir el mundo espiritual.

La presencia de ángeles se puede sentir extendiendo nuestras manos y dejando que el tacto del espíritu los sienta. Nuestro espíritu entonces sentirá un calor que está vibrando en el lugar donde está el ángel. También la presencia de espíritus de muerte se manifiesta como una presencia helada.

e) La Intuición

Éste es un órgano espiritual que rodea nuestro espíritu, haciendo la función de antenas o radar espiritual y está activa aún si nuestro espíritu está dormido en las áreas de comunión con Dios.

Puede intuir una presencia ya sea angélica, humana o demoniaca.

¿A veces, ha sentido como que alguien lo está mirando o lo está siguiendo? Esa es la intuición, que lo está captando.

Estas antenas se encuentran distribuidas por todo nuestro espíritu.

Las que están cerca al conocimiento, captarán cosas que tienen que ver con saber algo sin jamás haberlo estudiado u oído.

Simplemente sabemos que algo es de esa manera y no podemos explicarlo con la mente natural.

Podemos conocer los pensamientos de los demás sin necesariamente oír lo que están pensando palabra por palabra.

Jesús entendía intuitivamente lo que los religiosos hablaban en sus corazones.

> *Y conociendo luego Jesús en su espíritu que cavilaban de esta manera dentro de sí mismos, les dijo: ¿Por qué caviláis así en vuestros corazones?*
>
> *Marcos 2:8*

La intuición percibirá cosas que sucedieron en algún lugar o que están por suceder, por eso, es que hay personas que aun sin estar convertidas tienen premoniciones.

El reino de las tinieblas usurpa esta parte del espíritu para infundir temor y traer profecías destructivas que jamás procedieron de Dios.

Cuando la gente no está consiente de cómo el Reino de Dios y el reino de las tinieblas envían sus respectivas profecías, es muy fácil confundir una información con la otra.

Dios se comunica con el hombre a través de la comunión, pero el diablo se infiltra por medio de la intuición.

Hay una capa sobre la tierra que funciona como una red invisible, donde las tinieblas están continuamente enviando todo tipo de mensajes de destrucción. Huracanes, terremotos, guerras y planes para destruir el mudo circulan a través de esta red.

Cuando el profeta o alguien desarrollando sus dones proféticos, es ignorante de esta esfera demoníaca, fácilmente escuchará palabras de destrucción o de temor que su intuición esta captando. Piensa que como tiene una relación con Dios y es un mensaje sobrenatural lo que está recibiendo, el tal, proviene de Dios; pero desgraciadamente no es así.

Cuando Dios quiere comunicar un juicio por medio de un profeta, SIEMPRE da la salida, si el pueblo se arrepiente.

Una profecía de destrucción sin solución proviene de las tinieblas y no de Dios. Dios no quiere destruir el mundo, sino llenarlo de Su conocimiento, como las aguas cubren la mar.

Porque la tierra será llena del conocimiento de la gloria de Jehová, como las aguas cubren el mar.

Habacuc 2:14

Hoy por hoy, hay millones de personas que están poniéndose de acuerdo con los planes de destrucción del diablo porque desconocen las funciones de sus espíritus y las esferas espirituales que controlan la tierra.

Es sumamente importante ser limpiados por la palabra de Dios y permitir que la espada de La Palabra, divida nuestra alma de nuestro espíritu. Mientras esto no suceda, consideraremos espiritual o divino algo que proviene del alma y es carnal.

Porque la palabra de Dios es viva y eficaz, y más cortante que toda espada de dos filos; y penetra hasta partir el alma y el espíritu, las coyunturas y los tuétanos, y discierne los pensamientos y las intenciones del corazón.

Hebreos 4:12

f) La Herencia

Esta parte del espíritu fue diseñada en Adán para recibir el ADN de Dios, pero tras la caída ésta se corrompió. El hombre entró en estado de muerte espiritual y recibió la simiente del diablo. Esto produjo que la iniquidad proveniente del maligno entrara en el espíritu del hombre y de ahí se pasara de generación en generación a todos los seres humanos.

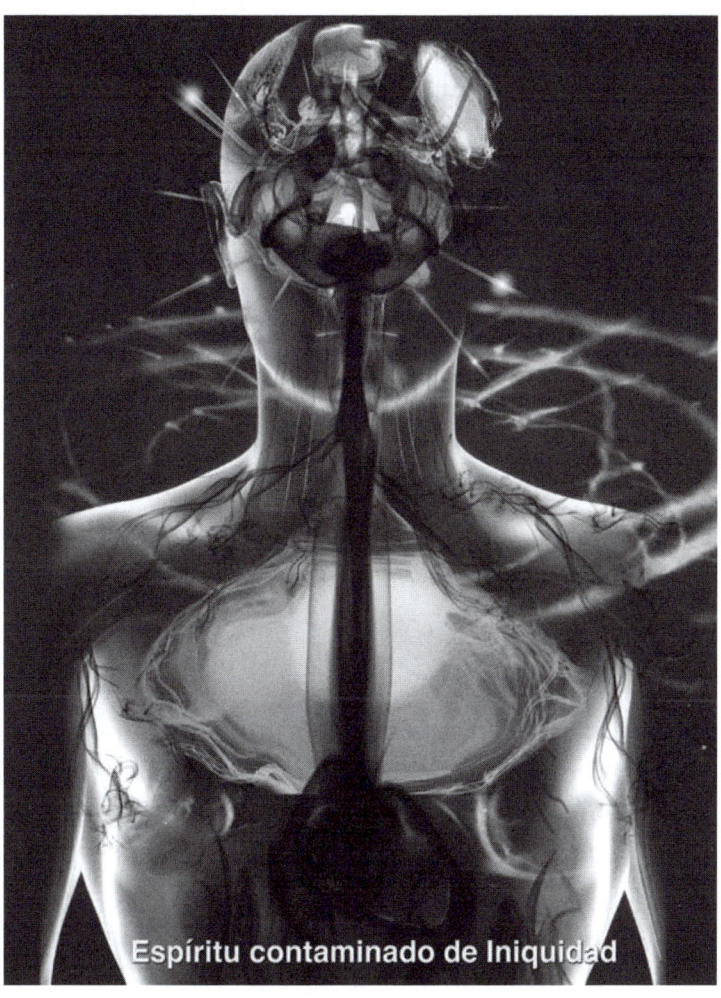

Fig. 20 Anatomia del Espiritu de Iniquidad

"Nuestro cuerpo natural acumula la herencia genética en los cromosomas de la célula y estos forman un cordón llamado ADN, que almacena toda la información de nuestra herencia física. Es como el microchip de una computadora donde se encuentra toda la información. Es el ADN, el que determina si nacemos con los ojos del abuelo, con la boca de mamá, con el color de pelo de la abuela y con la estatura de papá.

Toda esa información es trasmitida físicamente de generación en generación y así, al multiplicarse las células dentro del vientre de la madre, se va formando un cuerpo bajo el diseño de dicha información. En el cuerpo espiritual también se encuentra un modelo semejante; es un ADN espiritual, en el cual se graba toda la información espiritual que es trasmitida a nuestros hijos y subsecuentes generaciones, ésta se conoce, como la iniquidad.

Nuestro espíritu se tiene que limpiar específicamente en esta área, donde tenemos que cambiar la herencia espiritual de maldad, por el ADN de Dios.[25]

Así que, amados, puesto que tenemos tales promesas, limpiémonos de toda contaminación de carne y de espíritu, perfeccionando la santidad en el temor de Dios.

2 Corintios 7:1

La iniquidad sale del espíritu y se transmite al cuerpo a través del sistema linfático. Éste, es una compleja red de vasos angostos, válvulas, conductos, nódulos y órganos. Se asemeja a una redecilla que recorre todo el cuerpo por debajo de la piel por donde corre la energía del cuerpo y donde también se retienen las toxinas. Otra de sus funciones es ayudar a proteger y a mantener el ambiente de fluidos del organismo y es el principal sistema de defensa de nuestro cuerpo.

Al estudiar el vínculo entre el espíritu, el alma y el cuerpo, voy a tratar el tema con más detenimiento. Entonces veremos la ruta completa que recorre la iniquidad para instalarse en los órganos del cuerpo y en los huesos.

Se vistió de maldición como de su vestido, Y entró como agua en sus entrañas, Y como aceite en sus huesos.

Salmo 109:18

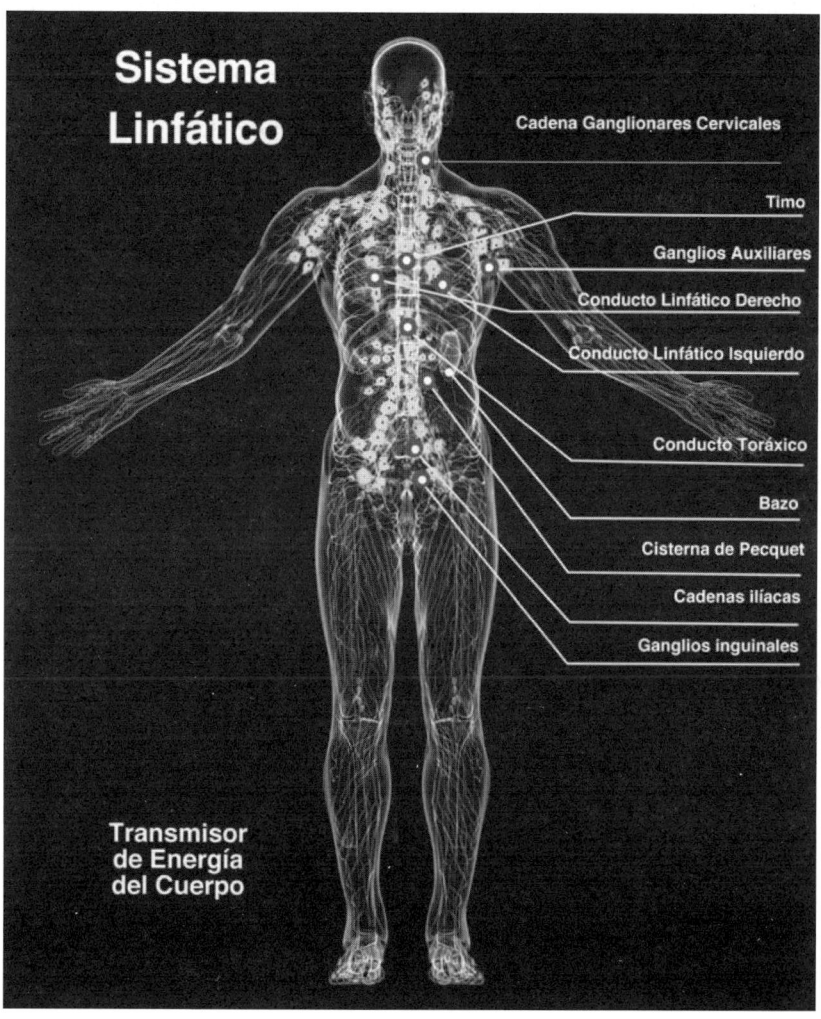

Fig. 21 El Sistema Linfático

f. 1. El Asiento del Poder de Dios

"Nuestro espíritu posee un área en la que radica el poder Dios, el cual es uno de los siete Espíritus. Esta área está directamente conectada a la comunión y es a través de ésta que se manifiestan los dones de milagros, sanidades y prodigios creativos de Dios.

Es por decirlo de alguna manera el motor del espíritu. Sansón recibió la fuerza por esta vía. Es también de donde salió la ráfaga de fuerza de la mano de Moisés a su vara, para dividir el mar rojo.

> *Y el resplandor fue como la luz; Rayos brillantes salían de su mano, Y allí estaba escondido su poder.*
>
> *Habacuc 3:4*

El Apostol Pablo también conoció este poder y lo expresó de la siguiente manera.

> *Y a Aquel que es poderoso para hacer todas las cosas mucho más abundantemente de lo que pedimos o entendemos, según el poder que actúa en nosotros.*
>
> *Efesios 3:20*

Los apóstoles habían recibido el Espíritu de Dios, cuando Jesús lo sopló sobre ellos antes de Su ascensión; sin embargo dijo:

> *pero recibiréis poder, cuando haya venido sobre vosotros el Espíritu Santo, y me seréis testigos en Jerusalén, en toda Judea, en Samaria, y hasta lo último de la tierra.*
>
> *Hechos 1:8*

Esto me muestra que el Espíritu Santo puede venir sobre diferentes áreas del espíritu y activarlas de una, en una, hasta alcanzar la plenitud espiritual. Por eso vemos creyentes con una parte de su espíritu mucho más desarrollada que otras. Hay creyentes con gran intuición o mover profético, pero en las áreas de poder tal vez no son muy efectivos. La realidad es que lo dones del Espíritu vienen sobre diferentes partes de nuestro ser espiritual, desarrollándolo en el área que corresponde a cada don."[26]

Notas:

[17]En él estaba la vida, y la vida era la luz de los hombres. Juan 1:4

[18]Palabra revelada directamente por Dios al espíritu del hombre.

[19]Génesis. 11:6 -7 Y dijo Jehová: He aquí el pueblo es uno, y todos estos tienen un solo lenguaje; y han comenzado la obra, y nada les hará desistir ahora de lo que han pensado hacer.

Ahora, pues, descendamos, y confundamos allí su lengua, para que ninguno entienda el habla de su compañero.

[19]Mateo 13:13Por eso les hablo por parábolas: porque viendo no ven, y oyendo no oyen, ni entienden.

[20]Apocalipsis 2:29

[21]Apocalipsis 10:10 Entonces tomé el librito de la mano del ángel, y lo comí; y era dulce en mi boca como la miel, pero cuando lo hube comido, amargó mi vientre.

[22]Ezequiel 3:3 Y me dijo: Hijo de hombre, alimenta tu vientre, y llena tus entrañas de este rollo que yo te doy. Y lo comí, y fue en mi boca dulce como miel.

[24]2 Corintios 3:18 Por tanto, nosotros todos, mirando a cara descubierta como en un espejo la gloria del Señor, somos transformados de gloria en gloria en la misma imagen, como por el Espíritu del Señor.

[25]En mi libro "la Iniquidad" hablo profundamente de cómo llevar a cabo este intercambio.

[26]Libro La iniquidad por la misma autora. Pg 34 y 35

SECCIÓN III

EL CORAZÓN Y EL ALMA

Capitulo 9
EL CORAZÓN

El corazón es una de las partes más importantes, ya que es el centro de nuestro ser y la principal puerta al espíritu. Es el órgano que determina todo lo que somos, así como la realización de nuestro destino en esta Tierra y en la eternidad.

Sobre toda cosa guardada, guarda tu corazón; Porque de él mana la vida.

Proverbios 4:23

El corazón es el que determina quienes somos, cómo nos comportamos y es desde donde tomamos toda decisión en nuestra vida.

Porque cual es su pensamiento en su corazón, tal es él.

Proverbios 23:7

Es el corazón, el que nos hace dar los grandes pasos en la vida. Es donde se concentra toda la fuerza de nuestro ser para lograr una victoria, para vencer en las tribulaciones, para tomar un riesgo. Es donde se forjan el valor y el miedo y es también determinante de una gran parte de nuestra salud.

El corazón apacible es vida a la carne; Mas la envidia es carcoma de los huesos.

Proverbios 14:30

Y lo más importante, es que es el lugar donde se determina nuestra salvación o nuestra condenación.

Porque con el corazón se cree para justicia, pero con la boca se confiesa para salvación.

Romanos 10:10

Sólo el corazón es capaz de llevar el alma al verdadero arrepentimiento y a someterlo para cambiar nuestro comportamiento, nuestras intensiones y motivaciones.

El corazón es un puente espiritual que vincula nuestro espíritu y nuestra alma, y está directamente conectado al órgano cardiaco del cuerpo.

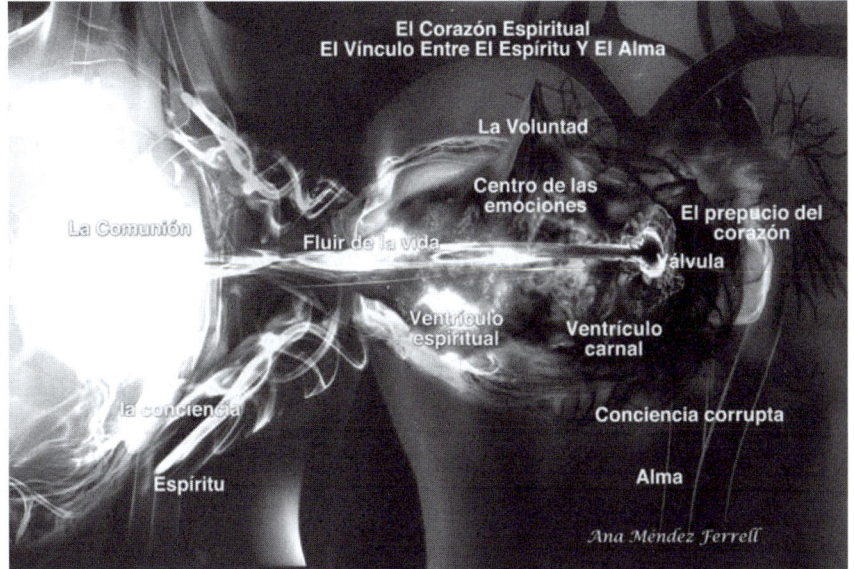

El Corazón Espiritual
El Vínculo Entre El Espíritu Y El Alma

La Voluntad

Centro de las emociones

El prepucio del corazón

La Comunión

Fluir de la vida

Válvula

Ventrículo espiritual

Ventrículo carnal

la conciencia

Conciencia corrupta

Espíritu

Alma

Ana Méndez Ferrell

Fig. 22 El Corazón, el puente entre el Espíritu y el Alma

1. Componentes del Corazón

De la misma manera que nuestro corazón físico tiene dos partes, el corazón espiritual también está dividido en dos, una parte que se conecta al espíritu y otra al alma. El corazón físico, el cual es imagen del espiritual, tiene un lado que recibe la sangre sucia y desechos celulares, y otro que recibe la sangre purificada y la envía a todo el cuerpo.

A) Los Ventrículos

Este mismo diseño se encuentra en nuestro ser intangible. Tenemos un ventrículo carnal que trata con los asuntos del alma y un ventrículo espiritual que recibe todo lo que viene de Dios y de nuestro espíritu.

En el área del ventrículo del espíritu es donde Dios escribe sus leyes. Esta parte, está rodeada de la conciencia que proviene de Dios y que fue puesta dentro de nosotros desde nuestro nacimiento. Por otro lado está conectada a la comunión a través de un conducto por donde fluye la vida a todo nuestro ser.

> *Este es el pacto que haré con ellos. Después de aquellos días, dice el Señor: Pondré mis leyes en sus corazones, Y en sus mentes las escribiré.*
>
> *Hebreos 10:16*

Les he llamado de esta manera porque el corazón bombea ya sea iniquidad, o poder de Dios y vida, a todo nuestro ser.

Es del Ventrículo carnal que salen los pensamientos del corazón que contaminan el alma y el cuerpo.

En el mundo espiritual hay sustancias. Por eso está escrito que la fe es la sustancia de lo que se espera. Y también dice que la iniquidad entra en los órganos y en los huesos para corromperlos.

> *Pero lo que sale de la boca, del corazón sale; y esto contamina al hombre.*
>
> *Mateo 15:18*

> *Se vistió de maldición como de su vestido Y entró como agua en sus entrañas, Y como aceite en sus huesos.*
>
> *Salmo 109:18*

> *Mi corazón fue como cera, Derritiéndose en medio de mis entrañas.*
>
> *Salmo 22:14b*

El corazón apacible es vida de la carne; Mas la envidia es carcoma de los huesos.

Proverbios 14:30

B) El Prepucio del Corazón

Alrededor del Ventrículo Carnal, vemos una sustancia oscura que la rodea, éste es el Prepucio del corazón. Éste es una parte de nuestra conciencia que se fue engrosando e insensibilizando, por el pecado, la maldad y la incredulidad propias de la naturaleza adámica.

Mientras éste no sea removido y cambiado por una conciencia reformada, va a ser como un tapón que impide que el fluir de Dios ilumine e irrigue nuestra alma. Por eso Dios, nos llama a circuncidar nuestros corazones para que la vida y la santidad de Dios se puedan manifestar en la renovación de nuestras almas.

Circuncidad, pues, el prepucio de vuestro corazón, y no endurezcáis más vuestra cerviz.

Deuteronomio 10:16

Más adelante hablaré del endurecimiento del corazón y como se va haciendo de piedra.

La conciencia que rodea al corazón se va corrompiendo, produciendo incredulidad. La corrupción no sólo proviene del pecado, de la iniquidad y de la rebelión, un corazón quebrantado o herido también se corrompe. Las emociones destructivas como la envidia, los celos, la amargura etc., son factores importantes que corrompen el corazón. A mayor corrupción, mayor será la incredulidad y la falta de fe.

Este prepucio en la conciencia, es un verdadero lente de oscuridad que hace que la gente vea todo distorsionado. Hace que desconfiemos de todo y de todos. Un corazón en esta condición, está de muchas maneras bloqueado y no puede confiar ni aún en Dios. Su boca puede decir que lo ama y que le cree, pero sus hechos y el fruto de su vida demuestran que sólo confía en él mismo y en sus propios razonamientos.

> *Todas las cosas son puras para los puros, mas para los corrompidos e incrédulos nada les es puro; pues hasta su mente y su conciencia están corrompidas.*
>
> *Tito 1:15*

Toda esta corrupción, se covierte en densos velos que impiden que la gente vea a Dios. Nosotros fuimos creados para ver y disfrutar a nuestro Hacedor. Jesús es la imagen del Dios invisible y cuando nos convertimos de corazón, Él se manifiesta y permite que le veamos.

> *Y aun hasta el día de hoy, cuando se lee a Moisés, el velo está puesto sobre el corazón de ellos.*
>
> *Pero cuando se conviertan al Señor, el velo se quitará.*
>
> *Porque el Señor es el Espíritu; y donde está el Espíritu del Señor, allí hay libertad.*
>
> *Por tanto, nosotros todos, mirando a cara descubierta como en un espejo la gloria del Señor, somos transformados de gloria en gloria en la misma imagen, como por el Espíritu del Señor.*
>
> *2 Corintios 3:15-18*

¿ Te das cuenta? Cuando el velo es quitado, el Espíritu de Dios viene a nosotros y nos da la libertad de mirarle a cara descubierta, para que de esa manera podamos ser transformados a Su misma imagen.

C) El Centro de Las Emociones

Una de las partes más relevantes del corazón es el centro de las emociones. Todo lo que sentimos ya sea bueno o malo, es procesado y emana del corazón.

> *Porque de dentro, del corazón de los hombres, salen los malos pensamientos, los adulterios, las fornicaciones, los homicidios.*
>
> *Mateo 7:21*

El corazón es un cofre inmenso lleno de tesoros, de recuerdos, de experiencias buenas y malas. Es el libro escrito de todo lo que hemos atesorado en el alma. Es la hemeroteca donde se guardan y registran todas nuestras vivencias. Es de ahí, que formamos nuestra personalidad, nuestra forma de pensar y de creer.

> *El hombre bueno, del buen tesoro de su corazón saca lo bueno; y el hombre malo, del mal tesoro de su corazón saca lo malo; porque de la abundancia del corazón habla la boca.*
>
> *Lucas 6:45*

Las emociones están conectadas a los dos ventrículos, el espiritual y el natural. De esta manera el corazón es capaz de procesar los sentimientos y sensaciones que provienen del alma como también los que provienen de Dios, como son: el gozo, la paz, o la expectativa por un milagro.

Nuestro centro emocional también está conectado con el corazón físico, con la mente y con el cerebro. De ahí que nuestras emociones jueguen un papel muy importante en la química de nuestro cuerpo.

El gozo y la alegría por ejemplo, enviarán una señal al cerebro y le dirán que desate unas sustancias llamadas péptidos, los cuales son impartidos a todo el cuerpo. Estas sustancias son vitales para el buen funcionamiento de nuestros órganos.

Por otro lado, emociones como la tristeza, la envidia o la ira, por mencionar algunas, enviaran señales negativas al cerebro, y este sumistrará sustancias nocivas para nuestra salud. De ahí que la Palabra mencione que este tipo de sentimientos secan los huesos.

El corazón alegre constituye buen remedio; Mas el espíritu triste seca los huesos.

Proverbios 17:22

No seas sabio en tu propia opinión; Porque será medicina a tu cuerpo, Y refrigerio para tus huesos.

Proverbios 3:7-8

Porque mi vida se va gastando de dolor, y mis años de suspirar;Se agotan mis fuerzas a causa de mi iniquidad, y mis huesos se han consumido.

Salmo 31:10

Mientras callé, se envejecieron mis huesos, en mi gemir todo el día.

Salmo 32:3

Nuestro centro de emociones es una de las principales puertas al espíritu y está también conectado con el sistema nervioso y con el endócrino o glandular.

Más adelante tocaré este tema con más detenimiento. Por lo pronto, quiero hacer énfasis que es en esta parte del corazón donde se encuentra el conducto por donde fluye la vida del Espíritu, al resto del ser.

D) El Fluir de La Vida y La Válvula del Corazón

Es de nuestro espíritu de donde fluye la vida, ya que éste proviene y parte de Dios.

Ya sea que hayamos recibido la regeneración de nuestro espíritu por medio de Jesucristo o no, todos recibimos de Dios la vida natural.

Cuando alguien se encuentra todavía en su naturaleza adámica, sigue recibiendo de su espíritu, el fluir de la vida para poder existir en este planeta.

Cuando alguien está lleno del Espíritu de Dios, el fluir de la vida será un chorro abundante de la vida de resurrección que manará del centro de la comunión hacia todo su ser. La impartición de todo don perfecto y de la naturaleza divina, fluyen esencialmente desde un conducto que liga el espíritu al ventrículo carnal (ver fig. 19), al final de ésta, se encuentra una válvula que se abre y se cierra, en la medida que tenemos intimidad con Dios.

Mientras no hayamos sido circuncidados en el corazón, la válvula estará prácticamente cerrada, dejando salir sólo el mínimo fluir de vida necesaria para que el cuerpo no muera.

Una de las funciones más importantes de esta válvula es que es la puerta a través de la cual nos conectamos para ver el Reino de Dios.

Cuando una persona ha nacido de nuevo, aprende que al "estar en el Espíritu", el corazón se abre por medio de esta válvula para ver las dimensiones del cielo. Al ejercitar la fe y la expectativa para ver en el mundo espiritual, la válvula se ensancha, permitiendo que nuestro espíritu se asome a este ámbito invisible. (Fig. 20)

> *Yo estaba en el Espíritu en el día del Señor, y oí detrás de mí una gran voz como de trompeta, Y me volví para ver la voz que hablaba conmigo; y vuelto, vi siete candeleros de oro.*
>
> *Apocalipsis 1:10 y 12*

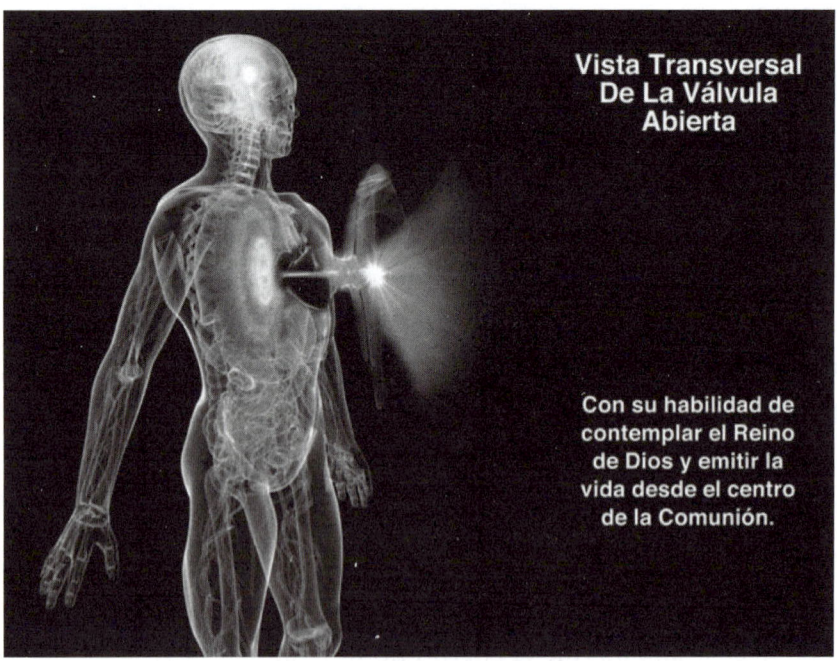

Fig. 20 La Válvula del Espíritu

Otra forma en que se abre, es al amar. Cuando mi corazón se proyecta hacia Dios para derramar mi amor por Él, es cuando puedo contemplar su hermosura y llegar a verlo a cara descubierta.

Una cosa he demandado a Jehová, ésta buscaré; Que esté yo en la casa de Jehová todos los días de mi vida, Para contemplar la hermosura de Jehová, y para inquirir en su templo.

Salmo 27:4

Cuando medito en Él, desde lo profundo de mi espíritu, puedo contemplar Su gloria y Su Faz.

En la hermosura de la gloria de tu magnificencia, Y en tus hechos maravillosos meditaré.

Salmo 145:5

Tanto el conducto de la vida, como la válvula, están también interconectados con la sangre, para que ésta irrigue la vida al cuerpo.

No quiero hacer una descripción demasiado complicada de las interconexiones entre el fluir de la vida y todo el ser tripartito porque sería demasiada información. Lo más importante que quiero que entienda en este momento es, que el corazón en sus tres manifestaciones, espíritu, alma y cuerpo, es el centro que determina la vida.

E) La Voluntad

Esta parte de nuestro corazón está también conectada a los dos ventrículos y es la que determina si vivimos por el Espíritu o por la carne.

Al igual que el resto del corazón, está rodeada por la conciencia quien nos ayudará a tomar buenas o malas decisiones.

La importancia de esta parte, es que de ella dependerá nuestra vida eterna ya sea en salvación o en condenación.

> *Porque los que son de la carne piensan en las cosas de la carne; pero los que son del Espíritu, en las cosas del Espíritu.*
>
> *Porque el ocuparse de la carne es muerte, pero el ocuparse del Espíritu es vida y paz.*
>
> *porque si vivís conforme a la carne, moriréis; mas si por el Espíritu hacéis morir las obras de la carne, viviréis.*
>
> *Porque todos los que son guiados por el Espíritu de Dios, éstos son hijos de Dios.*
>
> *Romanos 8:5-6 y 13-14*

La voluntad funciona como una palanca que inclina el corazón hacia la carne o hacia Dios.

Ésta es la que también llamamos libre albedrío. Es libre, porque nadie la puede manejar y controlar sino sólo nosotros. Dios no puede tomar decisiones por nosotros y por supuesto tampoco el diablo.

Lo único que puede hacer el diablo es seducir la voluntad para que la persona se entregue a sus tentaciones y mentiras.

Mientras la vida de una persona no está establecida en Cristo, el pecado domina el ser. Las tinieblas ocupan el lugar designado al cántaro de oro, se establecen ahí y la conciencia se cauteriza. En este estado el alma caída escucha muy tenuemente la voz de la conciencia y a gran volumen las mentiras seductoras del diablo.

Aun siendo la paga del pecado la muerte, el "seol", o la "morada de los muertos" estas tienen gran poder sobre el alma no regenerada.

Como a rebaños que son conducidos al Seol, **La muerte los pastoreará,** *Y los rectos se enseñorearán de ellos por la mañana; Se consumirá su buen parecer, y el Seol será su morada.*

Pero Dios redimirá mi vida del **poder del Seol,** *Porque él me tomará consigo. Selah.*

Salmo 49:14-15

Este salmo es sumamente revelador y nos habla de la influencia y el poder de la muerte; esto es a través del pecado y del engaño.

Pese a que la voluntad es nuestra y sólo nuestra, recibe las voces de la vida y de la muerte, las cuales, la influencian para escoger la una o la otra.

Dios en su amor inconmensurable hacia los hombres siempre está soltando mensajes de vida y de amor en nuestros corazones, aún entre los que no conocen a Cristo. Cuando el Señor decide callar, para cumplir algún propósito, la voz de la muerte se hace más potente. A esto se refiere la Escritura cuando dice que Dios endurece el corazón.

Pero Jehová endureció el corazón de Faraón, y éste no dejó ir a los hijos de Israel.

Éxodo 10:20

En este caso, era necesario que Faraón se mostrase sumamente malvado para que Dios se glorificara en gran manera sobre Israel.

Y yo endureceré el corazón de Faraón para que los siga; y seré glorificado en Faraón y en todo su ejército, y sabrán los egipcios que yo soy Jehová. Y ellos lo hicieron así.

Éxodo 14:4

Cuando entendemos el poder que Dios nos concedió, aun estando en pecado, para tener autoridad sobre la voluntad, empezaremos a controlarla de manera absoluta.

El corazón se inclina hacia un lado u otro a través de la voluntad. Es como si jugáramos con un globo lleno de agua que lo pasamos de una mano a otra.

Quitad, pues, ahora los dioses ajenos que están entre vosotros, e inclinad vuestro corazón a Jehová Dios de Israel.

Josué 24:23

Cuando el miedo, la desesperación, la tristeza, la incredulidad o el mismo pecado levantan sus voces en nuestro corazón, nosotros siempre podemos inclinar la palanca hacia Dios. En ese momento tomamos autoridad y determinamos que sea la fe, la paz, la alegría y la santidad, la que tome control de una situación.

2. Estados del Corazón

A) El Corazón Espiritual en Estado de Corrupción

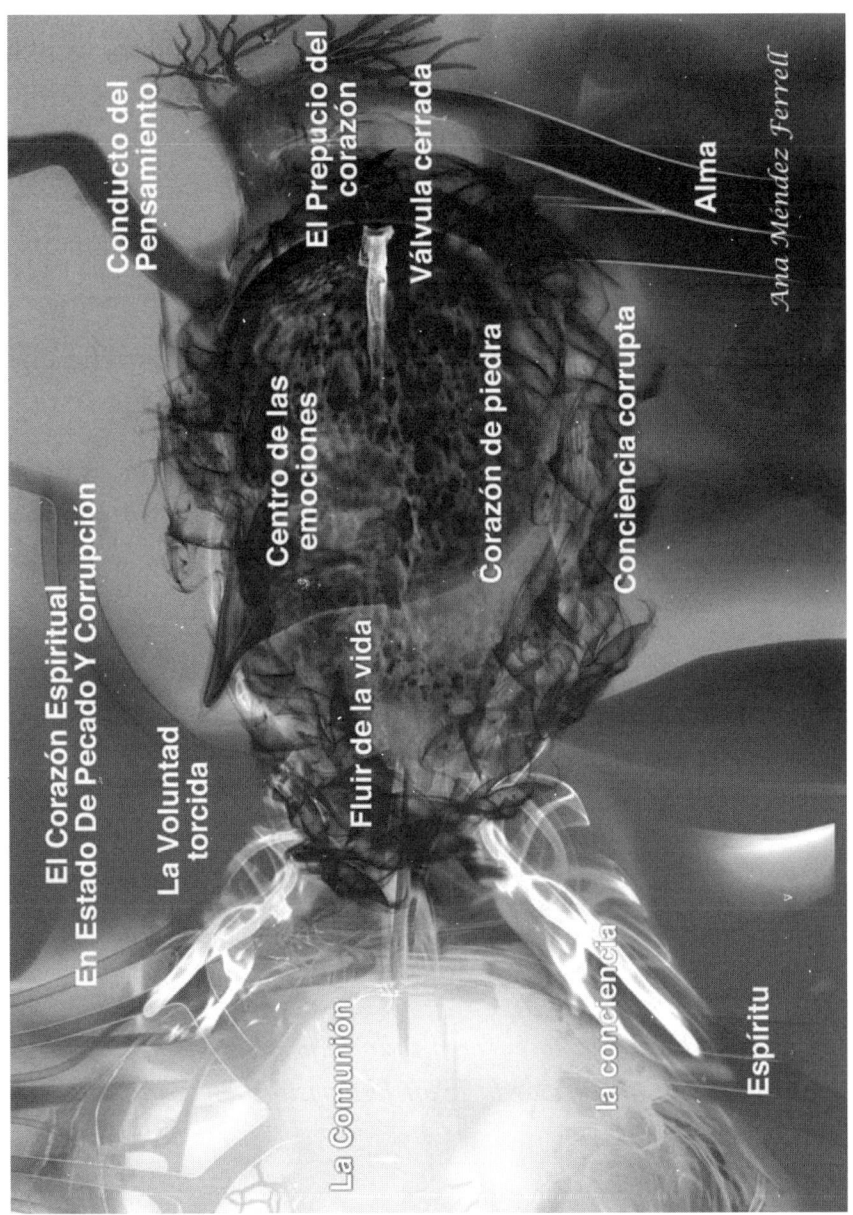

Fig. 24 El Corazón en Estado de Corrupción.

El corazón, como ya dijimos es el puente entre el espíritu y el alma, por lo tanto puede permitir o bloquear el fluir de la vida del Espíritu.

El pecado y la corrupción de la conciencia son el resultado de una voluntad rendida a los deseos de la carne. La voluntad que continuamente toma decisiones conforme a la carne, es una voluntad torcida.

Cada vez que escogemos no creerle a Dios, nuestra voluntad se tuerce hacia el árbol del conocimiento del bien y del mal.

Esto es lo que le sucedió a Adán, prefirió escoger la sugerencia de la serpiente, en lugar de obedecer el mandamiento de Dios.

Desde ese momento este árbol del conocimiento humano tiene una voz sumamente fuerte que resuena en el corazón para no creerle a Dios.

Escrito está, que todo lo que no proviene de la fe es pecado. Porque se origina en un corazón incrédulo y corrupto, que está cautivo bajo el "bien y el mal de este mundo", lo cual es el ámbito del pecado.

> *Pero el que duda sobre lo que come, es condenado, porque no lo hace con fe; y todo lo que no proviene de fe, es pecado.*
>
> *Romanos 14:23*

> *Mas la Escritura lo encerró todo bajo pecado, para que la promesa que es por la fe en Jesucristo fuese dada a los creyentes.*
>
> *Gálatas 3:22*

El moverse en lo natural sin echar mano de la fe, produce un corazón que se va endureciendo más y más hasta quedar totalmente hecho piedra. Este es el estado del alma caída que no puede percibir las cosas del espíritu.

Como vemos en la gráfica, (fig. 21) la conciencia ennegrecida rodea todo el corazón haciéndolo insensible a la voz de Dios. Por esta causa, el fluir de la vida se ha cortado y está reducida a lo mínimo y la válvula permanece cerrada.

En este estado, el ventrículo carnal, ha tomado total dominio sobre el espiritual y lo tiene totalmente subyugado debajo de él.

La mente que está bajo el control del alma caída, recibe los pensamientos de maldad, de ira, de temor, de religiosidad, de incredulidad y de todo lo que produce el corazón en estado de corrupción.

Muchas veces Dios tiene que usar una circunstancia difícil en que el corazón se quebranta, para que la persona clame a Él. Esto empezará a ablandar el corazón y a prepararlo para encontrarse con Jesús. Una vez sensibilizado, la conciencia empezará a hablarle y a traer a la persona, al arrepentimiento. Este es el momento que el Señor había estado esperando para tocar las puertas de su corazón y traerla a Sus pies. Cuando la persona se ha abierto para creer, la válvula se expande lo suficiente para que la vida de Jesús penetre hasta lo profundo del espíritu.

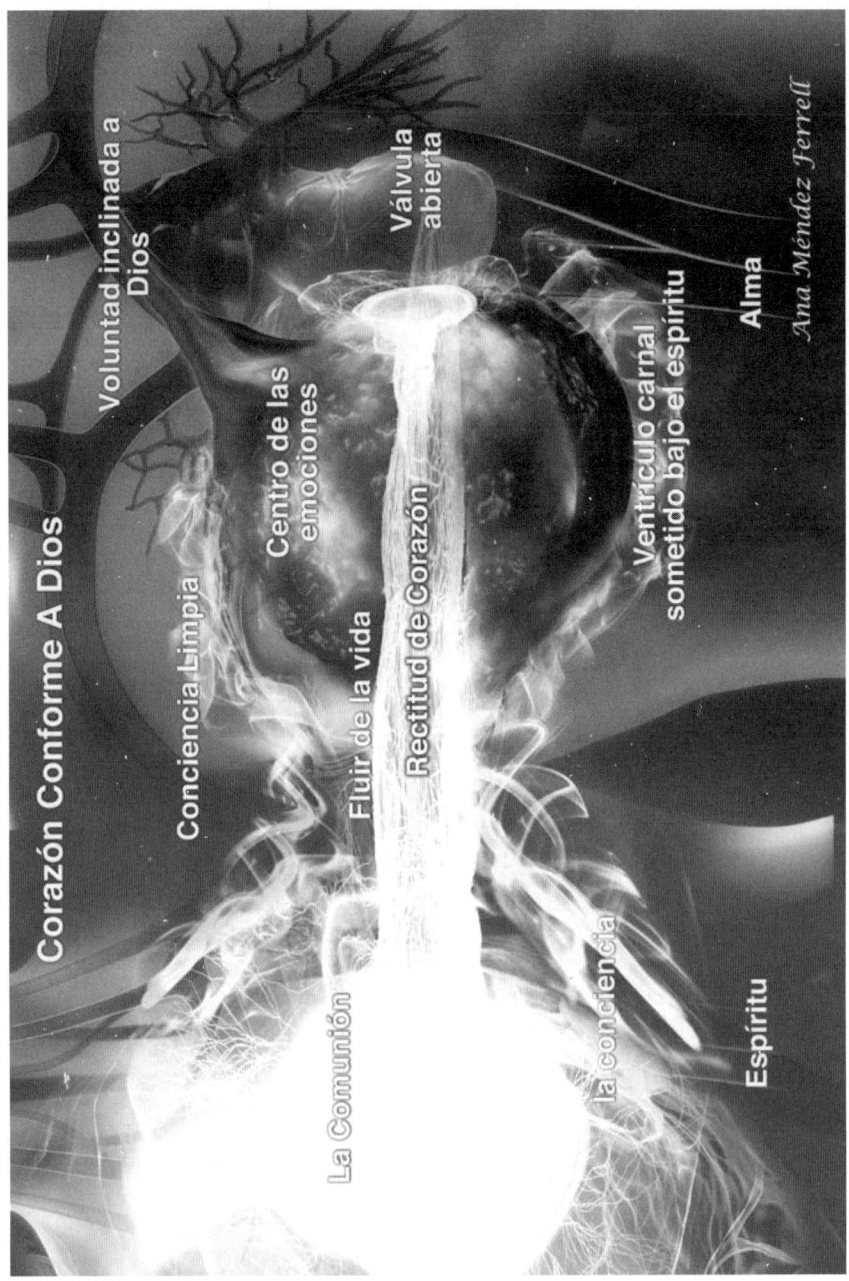

Fig. 25 El Corazón Conforme a Dios

B) El Corazón Conforme A Dios

Este es el corazón de los que aman y temen a Dios, no basando sus vidas en la carne sino en el Espíritu.

Como vemos en la gráfica, (fig.25) la voluntad se ha inclinado a Dios y el ventrículo espiritual ha subyugado al carnal. La vida de Cristo Fluye libremente a través del corazón rendido a Él, haciendo morir las obras de la carne.

La válvula que está totalmente abierta, transmite la vida de resurrección al corazón físico y a la sangre, sanando y vivificando el cuerpo mortal.

> *Y si el Espíritu de aquel que levantó de los muertos a Jesús mora en vosotros, el que levantó de los muertos a Cristo Jesús vivificará también vuestros cuerpos mortales por su Espíritu que mora en vosotros.*
>
> *Así que, hermanos, deudores somos, no a la carne, para que vivamos conforme a la carne;*
>
> *porque si vivís conforme a la carne, moriréis; mas si por el Espíritu hacéis morir las obras de la carne, viviréis.*
>
> *Porque todos los que son guiados por el Espíritu de Dios, éstos son hijos de Dios.*
>
> *Romanos 8:11-14*

El Espíritu de Dios ha tomado el control y nuestra conciencia ha sido limpiada y restaurada haciéndonos sensibles a los caminos de Dios y al ámbito del Espíritu.

> *Bienaventurados los de limpio corazón, porque ellos verán a Dios.*
>
> *Mateo 5:8*

El corazón está ahora en total servicio del espíritu y puede recibir los pensamientos de Dios, la revelación y todos los misterios escondidos. De la boca del creyente saldrán ríos de agua viva y de conocimiento divino.

Al recibir directamente de nuestro espíritu la dirección de todas las cosas, la enviará a la mente del alma, para darnos a conocer la voluntad de Dios.

no cesamos de orar por vosotros, y de pedir que seáis llenos del conocimiento de su voluntad en toda sabiduría e inteligencia espiritual.

Colosenses 1:9b

C) Moradas del Corazón

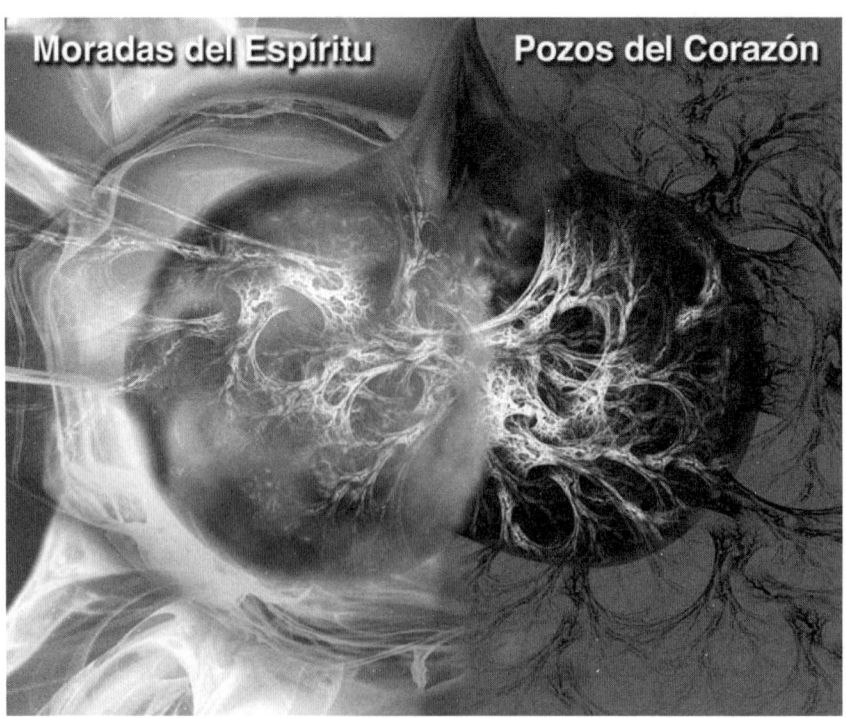

Fig. 26 Moradas Internas en los dos Ventrículos

a. Moradas de Gloria

El corazón en sus dos ventrículos tiene habitaciones. Al ser el puente entre el espíritu y el alma, Dios va a usar el ventrículo espiritual para llenarlo de sabiduría, de creatividad y de fe.

El corazón, siendo la puerta más importante para ver y entrar al Reino de Dios, tiene en su configuración los muros y antemuros que protegen la presencia de Dios en el espíritu.

a. 1. Las Puertas y La Biblioteca de La Sabiduría

En las puertas del espíritu, justo frente a la válvula, Dios establece dos poderosos porteros llamados la sabiduría y el temor de Jehová.

Una vez que las puertas están bien guardadas, la sabiduría establece sus cámaras en el corazón espiritual. Es aquí donde se establecen los diseños, los inventos creativos, los depósitos de sabiduría que Dios le regala a los que le aman.

Aquí tenemos un proceso muy interesante y es que el espíritu recibe de Dios todas las cosas y luego son trasmitidas al corazón, para que éste, unido a la mente renovada, ejecute la voluntad de Dios.

Antes bien, como está escrito: Cosas que ojo no vio, ni oído oyó, Ni han subido en corazón de hombre, Son las que Dios ha preparado para los que le aman.

1 Corintios 2:9

El Primer hombre lleno del Espíritu de Dios se llamó Bezaleel. A él y a otros sabios se les dio la tarea de hacer toda obra de arte en el tabernáculo de Moisés.

Mira, yo he llamado por nombre a Bezaleel hijo de Uri, hijo de Hur, de la tribu de Judá;

y lo he llenado del Espíritu de Dios, en sabiduría y en inteligencia, en ciencia y en todo arte,

para inventar diseños, para trabajar en oro, en plata y en bronce,

y en artificio de piedras para engastarlas, y en artificio de madera; para trabajar en toda clase de labor.

Y he aquí que yo he puesto con él a Aholiab hijo de Ahisamac, de la tribu de Dan; y he puesto sabiduría en el ánimo de todo sabio de corazón, para que hagan todo lo que te he mandado.

Éxodo 31:2-6

Aquí vemos también otra morada del corazón que son las cámaras del ánimo y la alegría.

a. 2. Las Moradas del Ánimo

Aquí se gestan la alegría, el valor y la generosidad. Esta área es muy atacada por las tinieblas ya que estos atributos del corazón producen hijos de Dios victoriosos en todas las cosas.

Esforzaos y cobrad ánimo; no temáis, ni tengáis miedo de ellos, porque Jehová tu Dios es el que va contigo; no te dejará, ni te desamparará.

Deuteronomio 31:6

El corazón alegre hermosea el rostro; Mas por el dolor del corazón el espíritu se abate.

Proverbios 15:13

Tomad de entre vosotros ofrenda para Jehová; todo generoso de corazón la traerá a Jehová; oro, plata, bronce.

Éxodo 35:5

a. 3. Cámaras de Meditación

Temblad, y no pequéis; Meditad en vuestro corazón estando en vuestra cama, y callad.

Salmo 4:4

Aprende pues, hoy, y reflexiona en tu corazón que Jehová es Dios arriba en el cielo y abajo en la tierra, y no hay otro.

Deuteronomio 4:39

a. 4. Moradas de Confianza y Sinceridad

Es en esta morada donde sabemos en nuestros corazones que podemos confiar en Dios o en alguien.

Estas cosas os he hablado para que en mí tengáis paz. En el mundo tendréis aflicción; pero confiad, yo he vencido al mundo.

Juan 16:33

acerquémonos con corazón sincero, en plena certidumbre de fe, purificados los corazones de mala conciencia, y lavados los cuerpos con agua pura.

Hebreos 10:22

a. 5. Moradas de Amor

Pues el propósito de este mandamiento es el amor nacido de corazón limpio, y de buena conciencia, y de fe no fingida.

1 Timoteo 1:5

b. Pozos del Alma

Cuando el corazón es quebrantado, se van creando pozos dentro de éste en el ventrículo del alma. Estos pueden llegar a ser profundas cavernas de temor, de desesperación, de desánimo, de tristeza, de rencor, de amargura…, la lista es interminable.

A un pozo de este tipo es que se refería la mujer Samaritana, cuando le dijo a Jesús que no tenía con qué sacar agua y que el pozo era profundo. Al haber tenido 5 maridos y un sexto que era tan sólo su amante, su alma había sido fragmentada en muchos pedazos. El problema de la cautividad del alma empieza aquí en el corazón. Estos pozos son las puertas de entrada, por las que el enemigo penetra para llevar los fragmentos del alma en cautiverio.

El corazón se ha ido perforando con profundos orificios y cuevas que están conectadas con nuestra memoria traumática y dónde el alma se queda como congelada en el pasado reviviendo esos momentos que la rompieron en pedazos.

De cierto mi corazón está como el vino que no tiene respiradero, Y se rompe como odres nuevos.

Job 32:19

Muchas veces estos fragmentos son llevados a regiones de cautividad donde el alma es tremendamente afligida y atormentada.

(Recomiendo mi libro Regiones de Cautividad donde trato profundamente con este tema.)

En estos pozos es donde el corazón se va corrompiendo para adoptar comportamientos que son nocivos para la misma persona y para los demás. Veamos algunos de ellos.

b. 1. Temor

¿A dónde subiremos? Nuestros hermanos han atemorizado nuestro corazón, diciendo: Este pueblo es mayor y más alto que nosotros, las ciudades grandes y amuralladas hasta el cielo; y también vimos allí a los hijos de Anac.

Deuteronomio 1:28

y les dirá: Oye, Israel, vosotros os juntáis hoy en batalla contra vuestros enemigos; no desmaye vuestro corazón, no temáis, ni os azoréis, ni tampoco os desalentéis delante de ellos.

Deuteronomio 20:3

b. 2. Mezquindad y Avaricia

Sin falta le darás, y no serás de mezquino corazón cuando le des; porque por ello te bendecirá Jehová tu Dios en todos tus hechos, y en todo lo que emprendas.

Deuteronomio 15:10

Mas tus ojos y tu corazón no son sino para tu avaricia, y para derramar sangre inocente, y para opresión y para hacer agravio.

Jeremías 22:17

b. 3. Amargura

Se llenó de amargura mi alma, Y en mi corazón sentía punzadas. Salmo 73:21

El corazón conoce la amargura de su alma; Y extraño no se entremeterá en su alegría.

Proverbios 14:10

Tu camino y tus obras te hicieron esto; esta es tu maldad, por lo cual amargura penetrará hasta tu corazón.

Jeremías 4:18

C) Maquinaciones de Maldad

Antes en el corazón maquináis iniquidades; Hacéis pesar la violencia de vuestras manos en la tierra.

Salmo 58:2

c. 1. Inestabilidad y Divagación

A causa de lo cual me disgusté contra esa generación, Y dije: Siempre andan vagando en su corazón, Y no han conocido mis caminos.

Hebreos 3:10

c. 2. Contención, Celos, Envidias

Pero si tenéis celos amargos y contención en vuestro corazón, no os jactéis, ni mintáis contra la verdad; porque esta sabiduría no es la que desciende de lo alto, sino terrenal, animal, diabólica.

Santiago 3:14-15

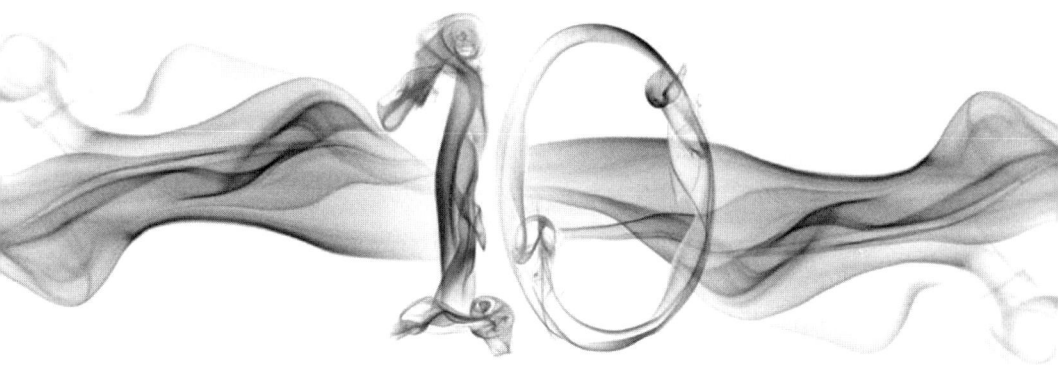

Capítulo 10
EL ALMA

El alma, como vimos en un principio es el decodificador entre el espíritu y el cuerpo. Al Igual que el espíritu es de sustancia espiritual y tiene todos los elementos para subsistir y funcionar aún cuando el espíritu esté dormido.

1. Alma Adámica

Desde el momento de la concepción, nuestro espíritu que proviene de Dios, entra dentro del huevo fecundado en el vientre de nuestra madre. Al encontrarse con la sangre que ya viene corrupta por nuestros ancestros, se invade de su iniquidad para formar la herencia espiritual. Esto produce que el espíritu del bebé que nacerá ya venga con rasgos de muerte y adormecimiento.

El espíritu es quién le da forma al alma o decodificador. Lo que es el espíritu, es lo que va a ser el alma. Debido a que éste ya viene deformado por la iniquidad, va a crear un alma torcida.

A esto se añaden los problemas, dolores, y traumas que la madre pueda transferir al feto durante la gestación

Se apartaron los impíos desde la matriz; Se descarriaron hablando mentira desde que nacieron.
Salmo 58:3

He aquí, en maldad he sido formado, Y en pecado me concibió mi madre.
Salmo 51:5

Cuando nace el infante, su alma que ya está en un estado pervertido con respecto a su diseño divino, tomará el dominio sobre el espíritu, hasta que conscientemente se convierta al Señor.

En los primeros años de vida, el bebé tiene una gran percepción del mundo espiritual, ya que su espíritu está completo dentro de él y el alma aún está formándose. Su espíritu está recién salido del corazón de Dios y es muy sensible a Él.

Su mente con todas sus facultades, su capacidad de decidir, el centro de sus emociones, y las estructuras de comportamiento, todavía no se han desarrollado. Durante éste proceso los padres, el medio ambiente, la condición social y la cultura jugarán un papel radical en el modelaje del alma.

Cuando los padres no saben cómo formar al niño conforme a los diseños del Espíritu de Dios, lo que sucede es que van a llenar esa pequeña almita de todo tipo de estructuras limitantes.

Van a llenarlo de moldes culturales, de formas de pensamiento, de miedos y manipulaciones, y el resultado será un alma totalmente inadecuada para interpretar al espíritu. Poco a poco mientras el niño se desarrolla va perdiendo la inocencia con la que sentía y hablaba con su Padre celestial, que es de donde salió.

El alma empieza a tomar control, aprendiendo los caminos torcidos de la carne y aprendiendo los fundamentos de este mundo.

Su realidad dejará de ser la sobrenatural y empezará a ver este mundo con sus leyes y limitaciones, como la verdadera realidad de su existencia. La malformación irá aumentando en la medida que el niño empieza a practicar sus propios pecados, conducta y manías.

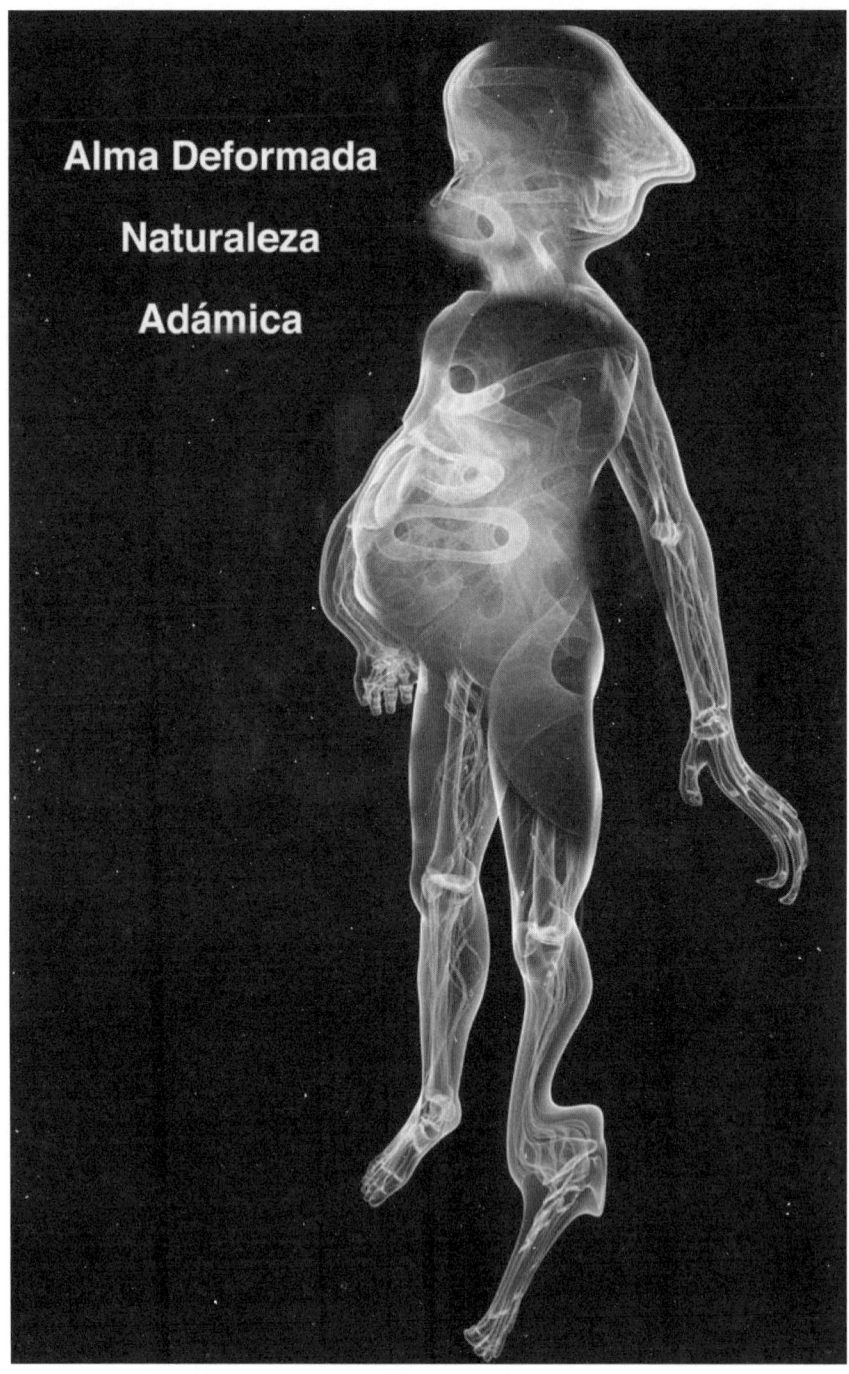

Fig. 27 Alma Deformada

Al tomar el alma una conformación diferente a la del espíritu, se forma una verdadera enemistad entre uno y otro, y se vuelve incapaz de operar en los caminos y diseños de Dios. Si comparamos esta última gráfica con la anatomía del espíritu, nos damos cuenta que no tienen nada que ver una con la otra. La religión trata de adornar esta monstruosidad con versículos bíblicos, pero es imposible que esto se conforme a Dios.

Pero el hombre natural no percibe las cosas que son del Espíritu de Dios, porque para él son locura, y no las puede entender, porque se han de discernir espiritualmente.

1 Corintios 2:14

Por cuanto los designios de la carne son enemistad contra Dios; porque no se sujetan a la ley de Dios, ni tampoco pueden.

Romanos 8:7

¡Oh almas adúlteras! ¿No sabéis que la amistad del mundo es enemistad contra Dios? Cualquiera, pues, que quiera ser amigo del mundo, se constituye enemigo de Dios.

Santiago 4:4

Esta enemistad nos habla claramente del choque que existe entre las dos naturalezas y cómo es imposible reconciliar una con la otra.

Vemos en la gráfica anterior y en la siguiente, el alma no regenerada, el pensamiento está totalmente deformado, la memoria está llena de traumas. La imaginación se ha ido llenando de codicias e imágenes torcidas de la identidad y de los propósitos que quiere alcanzar.

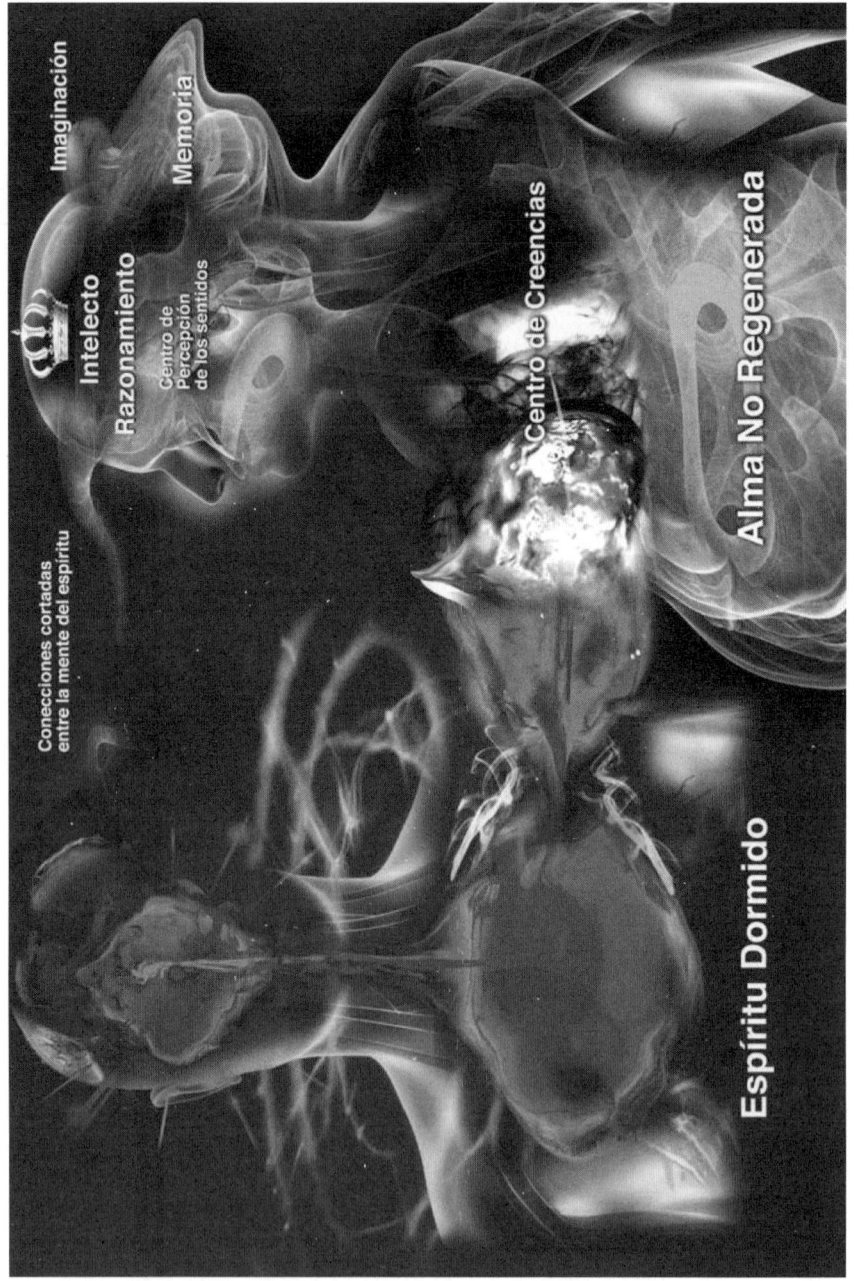

Fig. 28 El Alma no Regenerada y el Espíritu Dormido.

El vientre del alma, anhela todo tipo de satisfactores nocivos. La sexualidad se ha tornado en un poder controlador de las emociones y del razonamiento. El intelecto y el razonamiento son los elementos gobernantes junto con las emociones y la voluntad, producto de un corazón cauterizado y endurecido.

El centro de las creencias no procede de la voz de Dios sino de las conjeturas de un corazón desviado, afligido, incrédulo y corrupto.

La percepción de la realidad está únicamente enfocada a lo que identifican los sentidos físicos o una mente desbocada hacía la fantasía o las mentiras del ocultismo.

En el estado Adámico la mente no puede percibir las cosas que provienen de Dios, ni las puede entender. Los conductos entre la mente del alma y la del espíritu, han sido truncados.

Por eso, es que la religión, que no puede percibir las cosas del espíritu, va envaneciendo el alma y cauterizándola más y más, tratando de poner el conocimiento de Dios en un vaso que es incapaz de entenderlo o concebirlo.

Todos venimos de una naturaleza caída y profundamente religiosa porque Adán creyó la mentira que podía ser como Dios y ese engaño nos persigue. El hombre caído necesita demostrarse a sí mismo que sí puede ser ese dios capaz de resolver por sí mismo todos sus problemas. El ateo y el libre pensador, coronan en sí mismos el razonamiento de un alma totalmente deformada. El religioso piensa que puede ponerle barnices de santidad a ese monstruo interno que hemos formado. Quiere adaptar el alma en su estado caído a Dios por el sólo hecho de llenarse de formulas y mandamientos de hombres.

La realidad es que Dios no puede usar un alma en tal estado de deformación.

Este es el problema de un alma que anhela un salvador, porque se siente culpable, pero no el Señorío de Cristo. La realidad es que en el fondo no confía en Él para soltarle el gobierno de su vida.

El espíritu es vivificado y despertado, cuando llevamos el alma a la cruz para recibir al supremo Rey y Su Reino para que dirija nuestras vidas.

La naturaleza Adámica es incompatible con Dios. No ha habido, ni habrá jamás solución en la carne. La única respuesta y la solución para un alma caída y deformada, es llevarla a la muerte; a la cruz de Cristo para que el Espíritu de Dios pueda hacer una nueva creatura. Un alma nueva, un decodificador que pueda traducir los designios y los pensamientos de Dios y entender todos los misterios de la sabiduría y del entendimiento.

Cuando el alma tiene el control y gobierna una vida, su pastor es la muerte. Está hundida en las cavernas y en los laberintos donde el maligno la va atrapando para hacerla su esclava.

Así que, por cuanto los hijos participaron de carne y sangre, él también participó de lo mismo, para destruir por medio de la muerte al que tenía el imperio de la muerte, esto es, al diablo.

Hebreos 2:14

La muerte es un imperio, con un rey gobernante que es pastor de las almas caídas o carnales. Es la voz que conduce a las fuentes y a los abismos de la muerte, que hace tropezar y caer. Cuyo poder es el temor y la esclavitud de aquellos que la escuchan.

Fig. 29 El Gobierno de la Muerte en el Alma Caída

y librar a todos los que por el temor de la muerte estaban durante toda la vida sujetos a servidumbre.

Hebreos 2:15

Mas el hombre no permanecerá en honra; Es semejante a las bestias que perecen. Este su camino es locura; Con todo, sus descendientes se complacen en el dicho de ellos. Como a rebaños que son conducidos al Seol, La muerte los pastoreará,

Salmo 49:12-14ª

Si entendemos estas cosas nos va a quedar claro que seguir a Cristo y entrar en Su redención y en Su reino, necesariamente requiere un profundo arrepentimiento. Ya sea que demos un poderoso paso o que entremos en un rápido proceso, tenemos que llevar genuina y radicalmente el alma a la muerte, clávandola en la cruz de Cristo.

Los procesos religiosos e interminables en que muchos se encuentran, son sólo excusas e incredulidad, para seguir rigiendo sus propias vidas. Esto sucede porque no se han dado cuenta que la muerte es realmente quién los tiene cautivos y que su fin es llevarlos a perdición.

La vida, la muerte y nuestro destino eterno no son juegos. Es una realidad espiritual que amerita toda nuestra atención y prioridad.

Jesús pagó un altísimo el precio para darnos una vida sobreabundante y la verdadera locura e insensatez es no echar mano de tal riqueza.

2. Alma Renovada

Cuando finalmente tomamos la decisión de dar muerte a nuestra carne por medio del Espíritu, entonces empieza la regeneración.

De la misma manera que en el vientre de nuestra madre el espíritu produjo el alma, así también, ahora nuestro espíritu vivificado se creará para sí una nueva alma.

Una vez que hemos rendido la voluntad y el señorío genuinamente a Cristo, empieza el proceso de regeneración. El espíritu empieza a producir un abundante chorro de vida que va ir transformando el corazón, sus decisiones y formando la mente renovada.

Los conductos entre el espíritu y el alma se van a formar de nuevo para que la mente natural redimida, pueda decodificar y entender lo que procede de la dimensión del Espíritu.

Ahora los siete espíritus de Dios harán su morada en el espíritu vivificándolo y enviarán a la mente natural toda la revelación, el entendimiento, la sabiduría, la inteligencia, y el consejo de Dios.

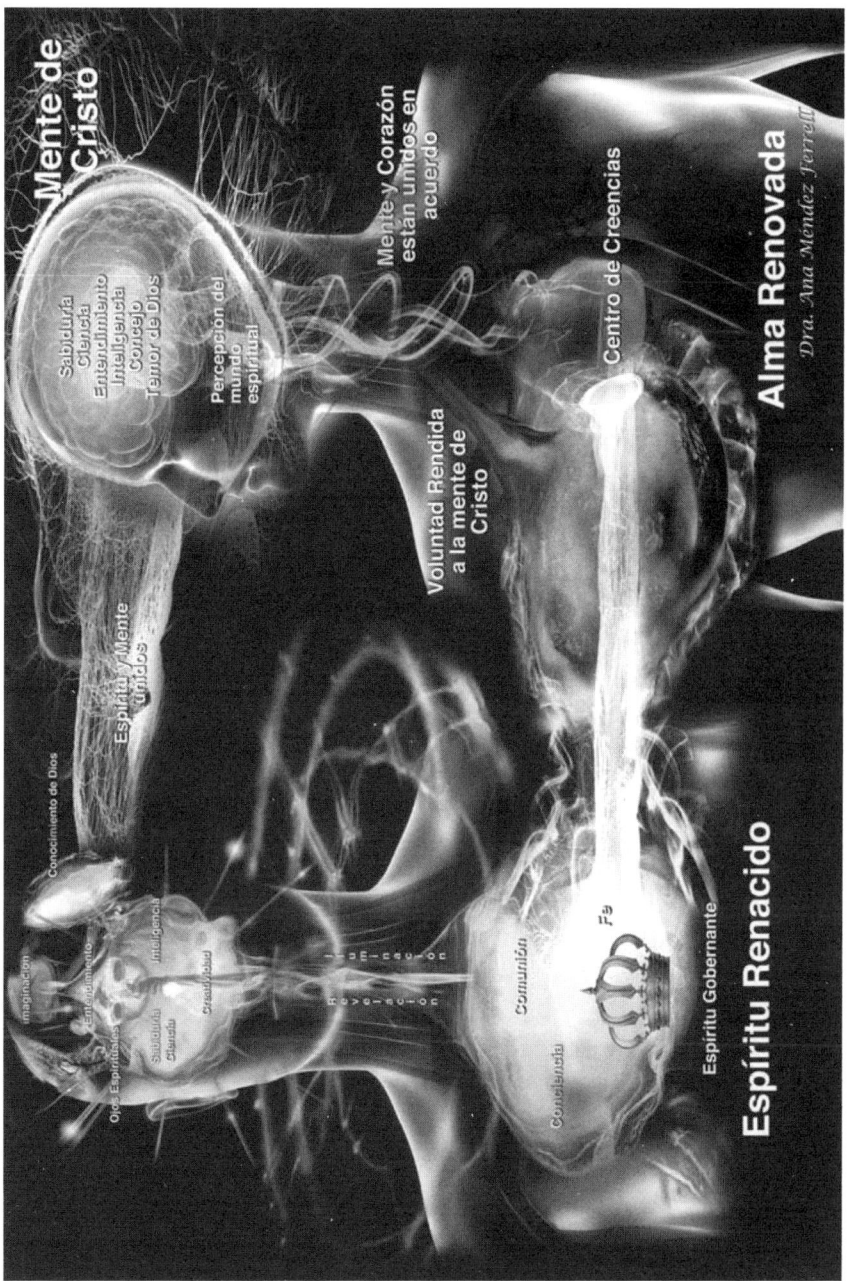

Fig. 30 El alma Regenerada Unida al Espíritu Renacido.

La mente y el corazón de la nueva creatura (alma) se irán unificando para producir el poder de Dios y todo tipo de milagros creativos.

Esto sucede ya que el centro de creencias está ahora en el lugar donde fue creado, esto es en el espíritu donde se encuentra la fe de Dios.

La fe, es el poder que hace que todo sea posible. Y lo primero que va a hacer el Espíritu de Dios es unificar la mente y el corazón para que la fe manifieste los prodigios de Dios.

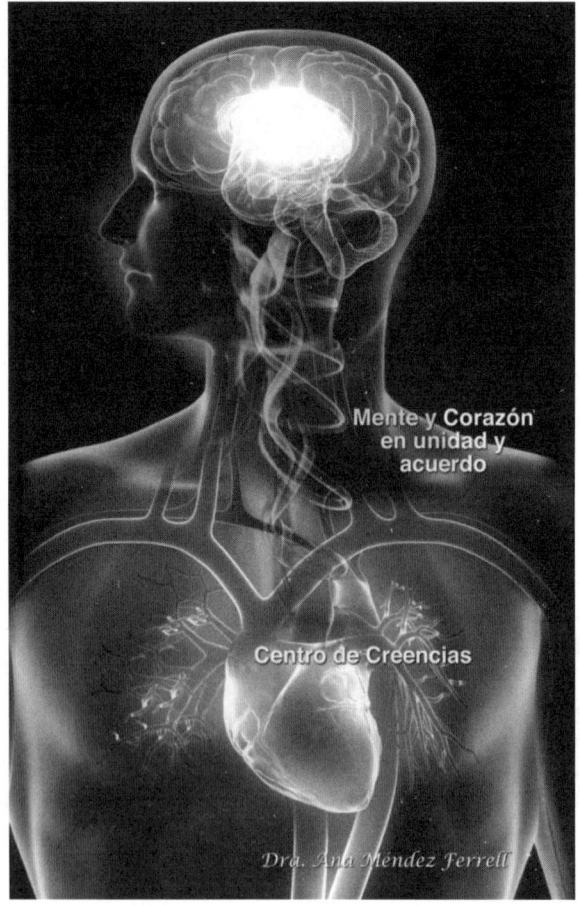

Fig. 31 Corazón en Acuerdo con la Mente

Mientras la mente y el corazón no estén de común acuerdo, la cosas que provienen de la dimensión invisible se van a ver impedidas.

Imaginemos como ejemplo un automóvil. Dios es la energía o la gasolina que éste necesita para trasladarse a donde el conductor lo quiera llevar.

La carrocería es la mente. Es ahí donde estamos convencidos que Dios es real y poderoso para hacer todo lo que Él dijo que haría. El corazón es el motor que lo hace andar. Si el corazón duda, el carro no arranca. Pero si corazón y mente se proponen lo mismo, llegan a donde quieran llegar.

Una vez renovada la mente por la impartición proveniente del espíritu, podrá creer en el mundo invisible como la verdadera realidad que rige su vida. Entrará a una dimensión que no tiene límites, para ir creciendo de gloria en gloria, viendo la poderosa obra de Dios manifestándose en su vida.

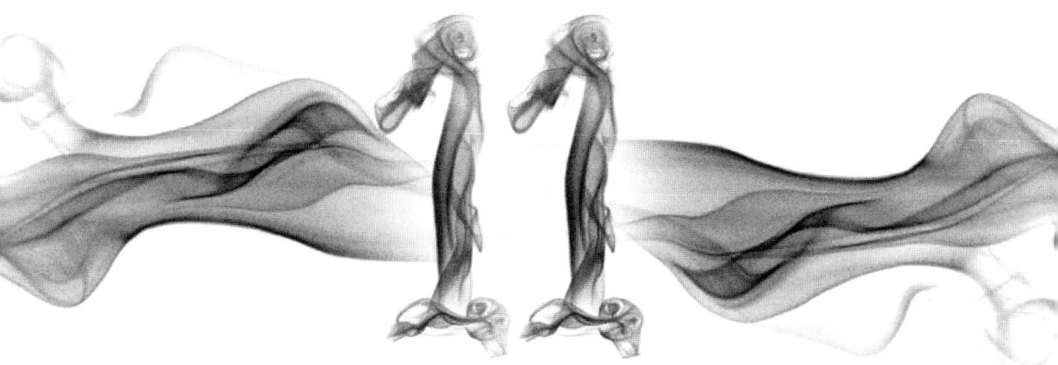

Capítulo 11

FRECUENCIAS DEL ESPÍRITU Y DEL ALMA

Todo en el universo, ya sea visible o invisible está formado de energía, la hay espiritual y la hay material. Ésta forma un campo electromagnético alrededor de todas las cosas en ambos ámbitos.

La ciencia mide esta energía, con base a frecuencias. Aún no saben como definir las dimensiones espirituales, pero las han podido identificar por la frecuencia que emiten.

Una frecuencia se determina por el número de ondas repetidas en un cierto tiempo. Esto se observa en una pantalla como una vibración, cuyas ondas son alargadas o agudas, según la velocidad a la que vibran.

El mundo espiritual se hace perceptible y aún visible en la medida que la frecuencia aumenta. Todo el reino de Dios, sus ángeles y sus dimensiones están vibrando a velocidades altísimas que nuestros ojos naturales no pueden percibir. Es como si tomamos el ejemplo de una hélice de helicóptero o de un ventilador. Mientras esté parado o sus aspas girando lentamente las podemos ver, pero al acelerar se hacen invisibles. Ahora bien, si uno pudiera aumentar la frecuencia del cuerpo a la misma que el ventilador, veríamos las aspas otra vez. Esto es lo que sucede hablando espiritualmente en el caso de un arrebatamiento. Vemos que esto lo experimentó el profeta Elías cuando era transportado de un lado a otro y también el Apóstol Pablo cuando fue llevado al tercer cielo y al paraíso.

> *Conozco a un hombre en Cristo, que hace catorce años (si en el cuerpo, no lo sé; si fuera del cuerpo, no lo sé; Dios lo sabe) fue arrebatado hasta el tercer cielo. Y conozco al tal hombre (si en el cuerpo, o fuera del cuerpo, no lo sé; Dios lo sabe), que fue arrebatado al paraíso, donde oyó palabras inefables que no le es dado al hombre expresar.*
>
> *2 Corintios 12:2-4*

Si bien es más complicado que el cuerpo alcance la velocidad de las frecuencias del cielo, al espíritu nacido de nuevo o regenerado le es más fácil.

El reino de las tinieblas, el mundo y la carne también se mueven a través de frecuencias, las cuales son bajas y lentas.

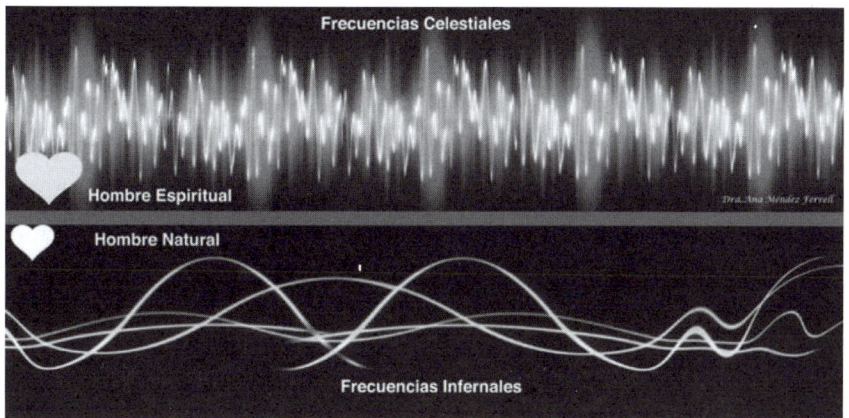

Fig. 32 Frecuencias Celestiales e Infernales

Cuando sentimos la presencia de Dios, nuestro espíritu tiene la sensación de hacerse ligero, casi como que pudiéramos elevarnos. Esto se debe a que el espíritu está acelerando su vibración para sintonizarse con el cielo. Esto lo sentimos también cuando amamos intensamente y nos sentimos como flotando en una nube de felicidad. También cuando adoramos o ejercitamos fuertemente nuestra fe. Entre más intensa es la experiencia, más alta es la frecuencia.

Cuando estudiamos las ruedas del espíritu vimos como éstas tienen la facultad de aumentar la velocidad y llevarnos a experiencias extraordinarias.

Ahora bien, el alma que se ha manejado toda la vida en frecuencias bajas, debido a su condición caída, quiere permanecer ahí. Es su hábitat, es lo que conoce y lo que le es familiar. Por esta razón hará lo indecible por aterrizar y bajar de frecuencia todo lo que escuche haciéndolo racional. Desgraciadamente la falta de entendimiento en cuanto a cómo se mueven las esferas espirituales ha ocasionado que aún la interpretación y la práctica de la Biblia se vean afectadas por las frecuencias bajas.

Como seres espirituales producimos fruto que proviene de una frecuencia o de otra. Cuando hablamos y proyectamos la vida del Señor Jesús a partir de nuestro espíritu, producimos el fruto del espíritu. Por el contrario si decimos algo hermoso o religioso, aún siendo la Palabra de Dios, pero lo hacemos desde el alma, no produce nada que permanezca y aún puede llegar a traer condenación o aflicción.

Cuando la Biblia nos habla de vivir por el Espíritu, se refiere a elevar el alma a las frecuencias de Luz, de Vida, de gozo, de la justicia y de la paz.

Cuando el alma permanece en las frecuencias bajas, se agota, se aflige, se desespera, se atemoriza, etc.; esto sucede porque está siendo acarreada por así decirlo, por el río de frecuencias que provienen de la muerte, de la carne y del infierno.

Veamos en la gráficas a continuación cómo funcionan nuestro espíritu y nuestra alma en medio de las dos corrientes que nos influencian continuamente.

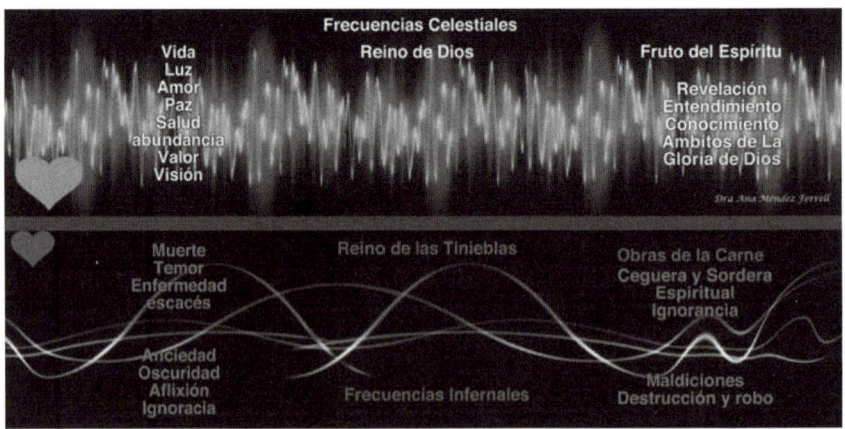

Fig. 33 Frecuencias Celestiales e Infernales con sus Frutos

Aquí vemos reflejados el fruto del Espíritu y las glorias de las riquezas en Cristo, versus las obras de la carne y sus consecuencias.

Y manifiestas son las obras de la carne, que son: adulterio, fornicación, inmundicia, lascivia,

idolatría, hechicerías, enemistades, pleitos, celos, iras, contiendas, disensiones, herejías,

envidias, homicidios, borracheras, orgías, y cosas semejantes a estas; acerca de las cuales os amonesto, como ya os lo he dicho antes, que los que practican tales cosas no heredarán el reino de Dios.

Mas el fruto del Espíritu es amor, gozo, paz, paciencia, benignidad, bondad, fe,

mansedumbre, templanza; contra tales cosas no hay ley.

Pero los que son de Cristo han crucificado la carne con sus pasiones y deseos.

Si vivimos por el Espíritu, andemos también por el Espíritu.

Gálatas 5:19-25

Cuando el Espíritu está reinando sobre el alma, nuestra vida espiritual irá en aumento.

Jesús es La Vida y La Vida es la Luz de los hombres. Entre más Vida de Jesús haya en mí, más Luz se hará manifiesta. La Luz es la frecuencia del cielo y la que vibra a más (mayor) velocidad en todo el universo.

Mas la senda de los justos es como la luz de la aurora, Que va en aumento hasta que el día es perfecto.

Proverbios 4:18

Esta Luz va haciéndose cada vez más intensa, abriéndonos el camino a la revelación, al entendimiento, al conocimiento de Dios y a las dimensiones gloriosas de Su reino.

La Luz es Su amor manifestado, Su Paz, el gozo inefable de estar en Él y Él en nosotros. Entre más permanezcamos en las frecuencias altas del Espíritu, más saludables seremos ya que la enfermedad no puede penetrar el Reino de Dios.

Las personas permanecen enfermas porque buscan sus respuestas en las frecuencias bajas del mundo. Entonces se afanan y se llenan de temores y la sanidad que les está esperando en las frecuencias altas, no llega a ellos.

Cuando nos sentimos enfermos en lugar de correr al médico, podemos acallar las voces bajas del alma y dejar que la fe que proviene del espíritu empiece a levantar nuestra frecuencia.[1]

Tal vez tengas que buscar un momento en que no tengas mucho dolor o malestar y usarlo para levantar tu alma hasta sumergirla en los niveles del espíritu.

Encuentra la paz que proviene del Señor Jesús, empieza a proyectar tu amor hacia él y exáltalo porque nada hay imposible para Él. Analiza tu alma a la luz de Su Justicia y dale gracias porque Él llevó todas tus enfermedades a la cruz.

La paz, atrae el Reino de Dios, sus ángeles y sus respuestas. La preocupación y el temor atraen el reino de las tinieblas y sus espíritus atormentadores.

Las frecuencias del cielo atraerán también la abundancia a tu vida. Abundancia en gente valiosa y honorable que te rodee, y abundancia de bienes para que vivas como hijo de un Rey y seas generoso en toda buena obra.

Levántate, resplandece; porque ha venido tu luz, y la gloria de Jehová ha nacido sobre ti.

Porque he aquí que tinieblas cubrirán la tierra, y oscuridad las naciones; mas sobre ti amanecerá Jehová, y sobre ti será vista su gloria.

Entonces verás, y resplandecerás; se maravillará y ensanchará tu corazón, porque se haya vuelto a ti la multitud del mar, y las riquezas de las naciones hayan venido a ti.

Isaías 60:1, 2, 5

El espíritu es el que da vida; la carne para nada aprovecha; las palabras que yo os he hablado son espíritu y son vida.

Juan 6:63

La carne, lo que proviene del alma y del mundo y sus rudimentos no sirven para nada. Nos van a traer escasez, angustia, enfermedad, ignorancia, temores y desgracias.

En la sigiente gráfica vemos el corazón, siendo inconstante en su proceso de desarrollo, hasta alcanzar la plenitud del Espíritu. Alcanza momentos en que logra levantarse a esferas altas y entrar en las frecuencias de Dios y luego desciende a las frecuencias bajas donde está acostumbrado a vivir.

Fig. 34 El Corazón Oscilando entre las Frecuencias Celestiales y las Infernales.

En la ilustración vemos de izquierda a derecha, la dependencia a la medicina, la ciencia humana, la avaricia y el temor financiero, la hechicería, la opresión demoníaca, el terror, la religión (en cualquiera de sus formas), la seducción y la depresión. Podemos añadir a esta lista todo lo que implica el vivir bajo los principios y las formas de este mundo.

En la punta superior de la gráfica vemos las frecuencias del cielo tratando de llevar el corazón a la presencia y al compromiso con Dios y elevar el espíritu a las dimensiones de la luz.

Cuando vemos esto nos damos cuenta por qué la Palabra de Dios condena tanto la amistad con el mundo.

> *¡Oh almas adúlteras! ¿No sabéis que la amistad del mundo es enemistad contra Dios? Cualquiera, pues, que quiera ser amigo del mundo, se constituye enemigo de Dios.*
>
> *Santiago 4:4*

Es nuestra responsabilidad, aprender a detectar las frecuencias bajas y salir de ellas en cuanto nos demos cuenta que nos están arrastrando, envolviendo o atando. A veces va a implicar una batalla tremenda entre el espíritu y el alma, hasta que obtengamos la total victoria.

Las frecuencias bajas no son cualquier cosa, por siglos han mantenido cautiva a la humanidad. Son como ondas de agua que ahogan el alma, para mantenerla dentro de todo lo que es muerte. Lo que tenemos que entender es que las frecuencias altas siempre dominarán a las bajas, lo mismo que la luz a las tinieblas, porque Dios y el diablo no son en manera ninguna iguales en fuerza. El saber esto de corazón, es el poder para salir de ellas.

Me rodearon ligaduras de muerte, Y torrentes de perversidad me atemorizaron. Ligaduras del Seol me rodearon, Me tendieron lazos de muerte. En mi angustia invoqué a Jehová, Y clamé a mi Dios. El oyó mi voz desde su templo, Y mi clamor llegó delante de él, a sus oídos.Envió desde lo alto; me tomó, Me sacó de las muchas aguas. Me libró de mi poderoso enemigo,

Salmo 18:5-6 y 16-17

Nota:

[1] El depender de Dios y no de los médicos, depende de la fe de cada persona y de su caminar con Dios. No recomendamos dejar medicamentos o dejar de ir al médico a personas que no escuchen la voz de Dios indicandoles que así lo hagn. Voz de la Luz o la autora no es responsable de las decisiones que cada person tome a este respecto.

SECCIÓN IV

INTERRELACIÓN DEL ESPÍRITU, EL ALMA Y EL CUERPO

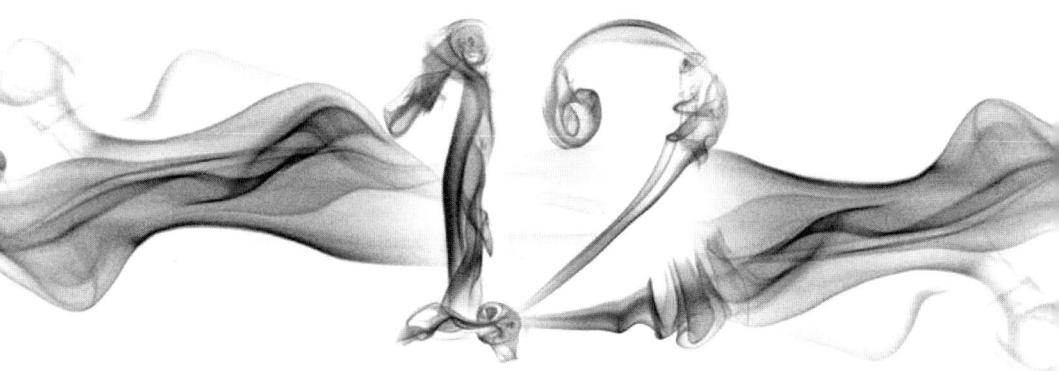

Capítulo 12

INTERRELACIÓN DEL SER TRIPARTITO

Todo nuestro ser, espíritu, alma y cuerpo, está íntimamente relacionado en todas sus partes.

Siendo nosotros el templo del Espíritu, en toda nuestra conformación integral, la forma que está ensamblado en el natural es semejante a como está unido en el espiritual.

Envanecidos en su mente carnal y no asiéndose de la Cabeza, en virtud de quien todo el cuerpo, nutriéndose y uniéndose por las coyunturas y ligamentos, crece con el crecimiento que da Dios.

Colosenses 2:18b y 19

Cada uno de los componentes del espíritu tiene su equivalente en el alma y de ahí se conecta con el cuerpo. Esto, por medio de coyunturas y ligamentos que le transfieren al organismo físico ya sea vida por el espíritu o muerte por el alma no regenerada.

Cuando estudiamos el alma, empezamos a hablar de estas interconexiones y cómo los ligamentos entre la mente espiritual y la natural, están atrofiados mientras el alma no se regenere.

También vimos cómo el corazón está partido en dos ventrículos, uno espiritual y otro anímico y cómo estos funcionan.

Ahora vamos a ver qué tanto la condición de nuestro espíritu como la del alma van a tener gran influencia en el cuerpo y van a determinar su condición.

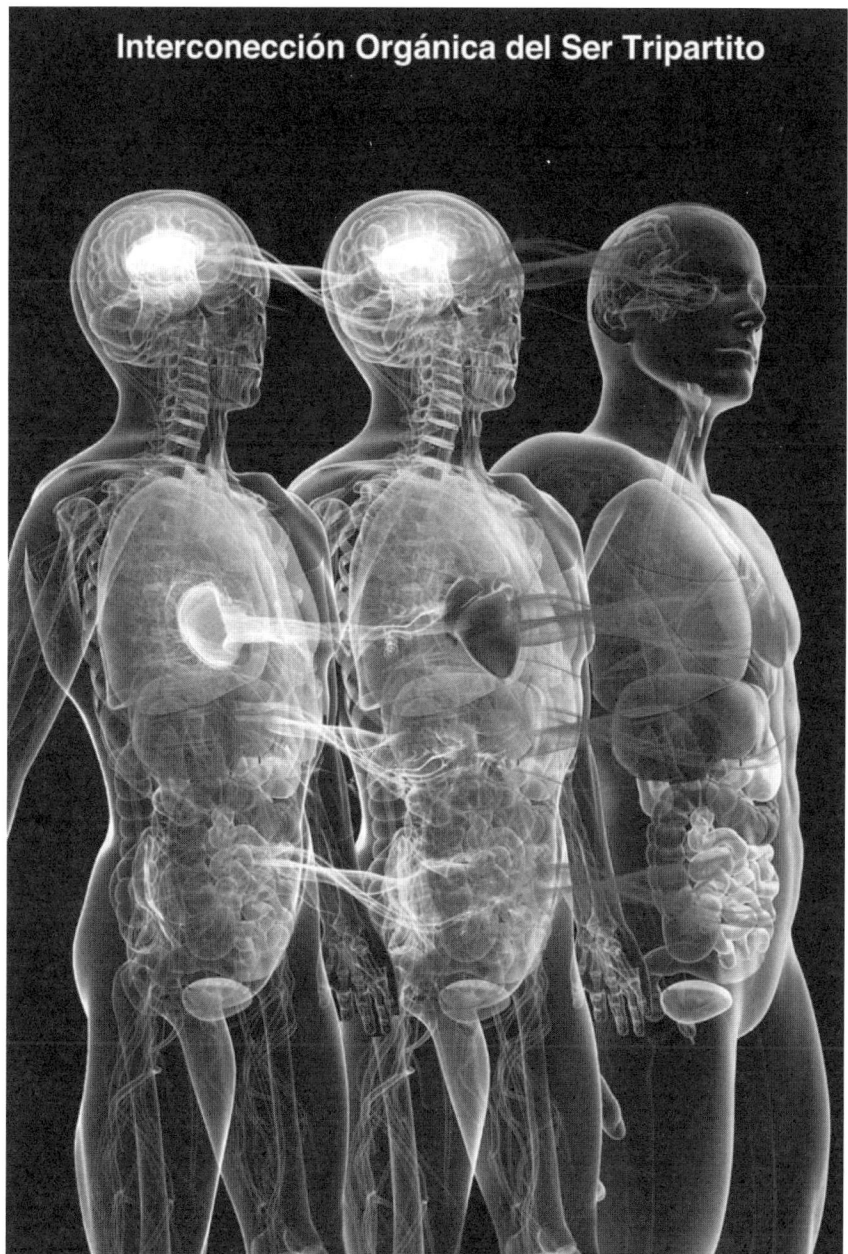

Fig 35. Interconexión Orgánica del Ser Tripartito

La ciencia ha entendido una parte de esto llamando psicosomáticas las enfermedades que no tienen ninguna explicación patológica. Esto es, que no encuentran ningún agente externo tales como virus o bacterias o alguna atrofia orgánica que desarrolle la enfermedad.

El mundo y sus filosofías han comprendido también que una mente sana produce un cuerpo sano. La nueva era intenta armonizar el cuerpo con el universo y con la tierra. Las religiones orientales intuyen que hay una relación entre el espíritu del hombre y su condición física. Todo esto, son fragmentos de conocimiento que el hombre ha tratado de entender desde su alma caída. En realidad sólo el Creador de nuestro ser tripartito nos puede dar el panorama completo, y esto, por medio de la revelación del Espíritu Santo.

Cuando nuestro espíritu unido a Dios tiene la supremacía del gobierno de nuestro ser, el alma es inundada de la vida de Dios, lo mismo que el cuerpo. Esto conlleva a una vida de paz y de perfecta salud. De igual manera cuando el alma es la que gobierna con sus deformaciones y conflictos, también repercute en nuestra salud.

Veamos ahora cómo el cuerpo humano es afectado por la condición de nuestro ser invisible.

1. El Proceso de la Enfermedad

Mientras Adán y su mujer estaban en el jardín del Edén, la enfermedad y la muerte no existían. De hecho cuando Dios les dijo que si comían del árbol del bien y del mal morirían, éste era un concepto inimaginable, ya que no sabían lo que eso significaba.

El hombre y la mujer al perder su vestidura de inmortalidad (la cual era Cristo), hacen que su espíritu quede no sólo en estado de adormecimiento, sino también expuesto a las tinieblas. Ellos son echados del medio ambiente de La Luz y la protección de Dios, y entran a un mundo tenebroso donde la muerte y satanás tienen el dominio.

Se enfrentarán por primera vez a la experiencia de perder un ser querido y de verlo muerto, cuando Caín mata a Abel. En ese momento entra en sus corazones el temor a la muerte que los esclaviza a los designios de su adversario.

Así que, por cuanto los hijos participaron de carne y sangre, él también participó de lo mismo, para destruir por medio de la muerte al que tenía el imperio de la muerte, esto es, al diablo,

y librar a todos los que por el temor de la muerte estaban durante toda la vida sujetos a servidumbre.

Hebreos 2:14-15

A) La Enfermedad que Procede de Adentro

Toda enfermedad empieza por la condición del espíritu.

Adán vivía en perfecta salud hasta el momento en que la muerte entró a su espíritu. Es a partir de ahí, que los órganos empiezan a decaer, a envejecer y a atrofiarse hasta que el hombre muere.

Notemos que la condición mortal y de enfermedad no entraron por un virus o una causa natural, sino por el espíritu del hombre que perdió su estado de perfección unido a Dios.

Por eso es, que es tan importante nacer de nuevo y tomar tiempo en comunión con Dios para que La Vida en toda su fuerza vuelva a invadir nuestros cuerpos.

> *Porque por cuanto la muerte entró por un hombre, también por un hombre la resurrección de los muertos.*
>
> *Porque así como en Adán todos mueren, también en Cristo todos serán vivificados.*
>
> *1 Corintios 15:21-22*

1. Las Tinieblas, Necesitan del Alma Para Enfermar El Cuerpo.

La caída, no sólo afectó al hombre sino también a la tierra, la cual sufre el efecto del cambio de gobierno espiritual. Se llena de maldición y de tinieblas y aún su aspecto cambia llenándose de cardos y espinos. Yo creo que aún los colores cambiaron y se hicieron más pardos y térreos. Esto nos demuestra que el mundo natural es afectado por el espiritual.

Las tinieblas y la muerte están dirigidas por satanás quién es el príncipe de la mentira y de la oscuridad. Ésta, por definición es la ausencia de la luz y por consiguiente no tiene substancia. No existen átomos de oscuridad ni nada que la pueda medir físicamente como sucede con la energía o la luz.

Por lo tanto, requiere de artimañas para penetrar el mundo material y para eso el alma del hombre le va a ser sumamente útil.

Dios le dio al hombre el poder sobre la vida y la muerte en su lengua, la cual habla lo que él determina y cree.

> *La muerte y la vida están en poder de la lengua, Y el que la ama comerá de sus frutos.*
>
> *Proverbios 18:21*

Un espíritu que ha sido parcialmente despertado por la semilla de vida, al recibir la salvación, tiene todavía mucha muerte y mucha iniquidad en él, que tiene que ser purgada.

Por eso vemos tantos hijos de Dios fieles y sinceros, que aún están luchando en su salud. El desconocimiento de la verdad no nos exime de las consecuencias a que este conlleva.

La iniquidad, como vimos, al estudiar la herencia o genética espiritual se transfiere del espíritu al alma y luego al cuerpo.

Se vistió de maldición como de su vestido, Y entró como agua en sus entrañas, Y como aceite en sus huesos.

Salmo 109:18

En este pasaje vemos claramente como algo espiritual como es la maldición, se convierte en materia física que se hace manifiesta en el cuerpo.

No hay quien clame por la justicia, ni quien juzgue por la verdad; confían en vanidad, y hablan vanidades; conciben maldades, y dan a luz iniquidad.

Incuban huevos de áspides, y tejen telas de arañas; el que comiere de sus huevos, morirá; y si los apretaren, saldrán víboras.

Isaías 59:4-5

En este pasaje vemos también la obra de la iniquidad velando el entendimiento de la gente. Aun creyentes, que toman la justicia en sus manos, hacen juicios sobre otros, confían en el hombre y sus soluciones, y en la ciencia más que en Dios.

Concebir maldad, no es necesariamente cometer un crimen; todo lo que no proviene del corazón de Dios, ni está alineado con Su voluntad, es maldad. O, ¿no dice el Señor en la escritura que nuestras justicias son trapos de inmundicia para Él? (Isaias 64:6)

Desgraciadamente la mayoría de la gente se ha conformado con las migajas que vienen del cielo, cuando Dios nos concedió todo el pan de vida para que por Él vivamos.

Toda esta maldad produce huevos de áspid, que se traducen en tumores y en cánceres. Tejen telas de araña que contaminan todo el sistema linfático e inmunológico. En búsqueda de una respuesta, la gente corre a un médico para que les de un remedio químico para resolver algo que tiene su origen en el espíritu o en alma.

Cómo vimos anteriormente la iniquidad procede del espíritu y va a contaminar directamente la mente natural y el corazón anímico.

Una vez asentada en estos órganos del alma, entrará como una energía negativa por los sistemas linfático, nervioso y endócrino. Este último es el que controla las glándulas y las hormonas del cuerpo.

Veamos como ejemplo, una iniquidad procedente de un odio racial. El alma recibe del espíritu este odio y lo traduce en imaginaciones y pensamientos racistas. La mente natural envía estas señales al cerebro donde las glándulas cerebrales tales cómo la pituitaria, el hipotálamo y la pineal, envían aminoácidos negativos al cuerpo. Estos, son secreciones que penetran en la sangre y de ahí llegan a las células enfermándolas o destruyéndolas.

Las personas llenas de odio, resentimiento y amargura se verán gravemente afectadas en los riñones, en el hígado y en el bazo que son los filtros del cuerpo.

Otras que no sueltan sus dolores o están llenas de rencor y falta de perdón, o son avaras sufrirán de artritis. Las articulaciones se empiezan a deformar reflejando la condición espiritual de alguien que no suelta su dolor o no suelta sus posesiones.

¡El cuerpo refleja la condición del espíritu!

Las enfermedades en la sangre están directamente relacionadas con derramamientos de sangre, guerras, abortos, pactos de sangre en la hechicería o en la masonería, homicidios, etc. Todo esto puede ser parte de una herencia de iniquidad proveniente de nuestros ancestros, que no ha sido purgada del espíritu.

Los problemas cardíacos tienen que ver con sufrimientos emocionales que no han sido resueltos.

Los problemas respiratorios tienen que ver con espíritus, con el príncipe de la potestad del aire. El aire es lo que nos da la vida y está en intima relación con Dios o con aquello de lo que dependemos. Estas enfermedades están relacionados con idolatría y hechicería, con depender del hombre antes que de Dios, con actitudes o espíritus de religiosidad que toman el lugar de Dios.

Los cánceres son células rebeldes que se multiplican entre sí, pero no quieren ser parte del organismo ni del orden como Dios lo creó. Esto obviamente está ligado a la rebeldía, al querer ser independiente y autosuficiente. A las divisiones y al edificar reinos propios y no el Reino de Dios.

La palabra de Dios dice que los huesos se secan por la tristeza y por la iniquidad. Y la obesidad no sólo viene por el mucho comer sino por un espíritu que acumula y acumula posesiones.

Los closets están llenos de objetos inútiles, alquilan bodegas para seguir guardando cosas que no necesitan y éste es el mensaje que le están transfiriendo a su propio cuerpo.

Así podemos desglosar enfermedad por enfermedad y buscar qué significan en el espíritu.

Observe el rostro de la gente, en la medida que avanzan en edad se van transformando en el reflejo de su propio espíritu.

Los que practican hechicería tienen cara brujos, la gente mala tiene cara de mala. Todo pecado se hace visible tarde o temprano en el cuerpo y en el parecer de la gente.

B) La Salud También Proviene de Adentro

Por otro lado, la salud, la cual proviene del fluir de la vida dentro del asiento de la comunión, hace el mismo recorrido para restaurar nuestros cuerpos.

La Vida, que es Dios, porque todo espíritu proviene de Él, siempre está transmitiendo Su energía vital al alma y al cuerpo, si no moriríamos. Entonces ya sea que el espíritu esté dormido o despierto, seamos creyentes o no, recibimos la vida y la salud de Él.

Aún los médicos saben que una actitud positiva de la persona que quiere sanar y tiene fe que así será, ayuda al proceso de recuperación. Por el contrario, una persona ansiosa y temerosa que sólo piensa lo peor, agravará su situación.

En la siguiente gráfica vemos el espíritu (en la figura central), transmitiendo la salud al sistema nervioso y linfático por medio de la mente del espíritu y la válvula del corazón. Esta misma señal sale del cerebro y penetra el sistema endócrino y las glándulas en la zona del cerebro. Luego, la vida transmite pensamientos positivos y de salud a la mente del alma, ésta los transmite al cerebro donde el sistema nervioso envía la señal al endócrino. Una vez recibido el impulso en las glándulas estas producen péptidos o aminoácidos positivos que fluyen por la sangre y llegan a las células para regenerarlas.

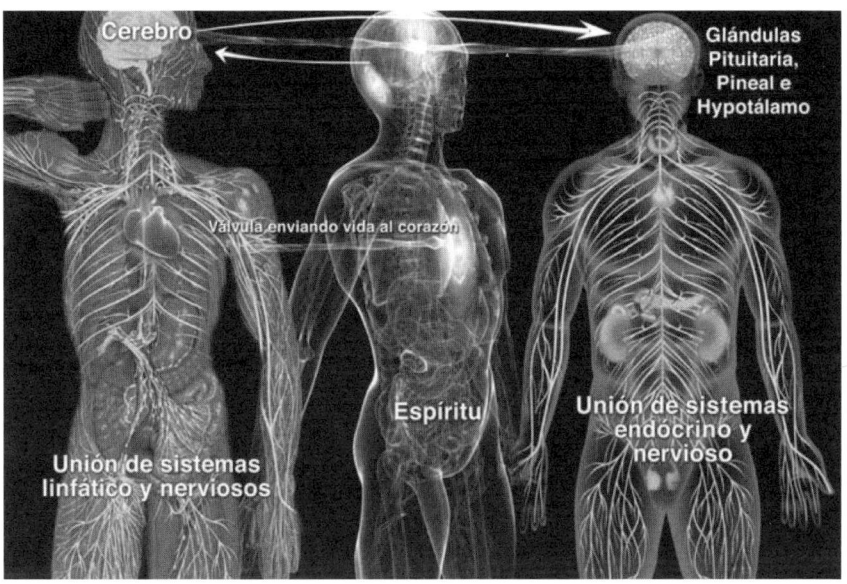

Fig. 36. Sistema de Salud. El Espíritu Enviando al Corazón
y al Cerebro el Flujo de Vida.

a. Los Plexos, Las Glándulas y Los Nódulos Linfáticos.

Para entender más profundamente el proceso de la enfermedad y de la salud que proceden de adentro, vamos a analizar varios componentes muy importantes. El espíritu y el alma se conectan a nuestro cuerpo a través de tres sistemas principales, los cuales están interconectados entre sí.

Estos son el sistema nervioso, el glandular o endócrino y el linfático.

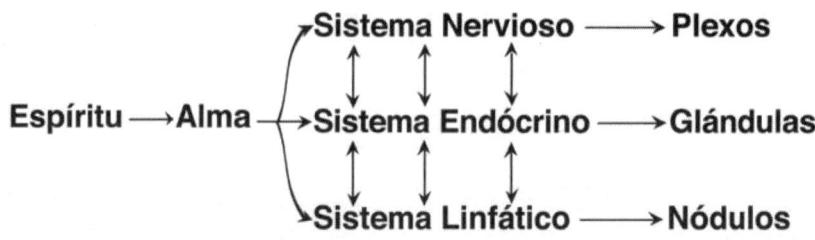

Fig. 37 Sistemas Entrelazados y sus Componentes Anímico-Espirituales

I. El Sistema Nervioso y sus Plexos

Éste sistema tiene puntos donde se concentran una gran cantidad de nervios a los cuales la ciencia les ha llamado plexos. Al oír esta palabra pensamos inmediatamente en el plexo solar tan mencionado por la gente involucrada en la nueva era, sin embargo éste no es un término esotérico sino biológico. Además de éste existen otros como el cardíaco, el aórtico, el submucoso y otros más.

Algunos de estos plexos están muy ligados al centro de las emociones en el corazón anímico. Por eso sentimos que nos duele el corazón cuando sufrimos por un fuerte agravio o la pérdida de un ser querido. También hemos experimentado mariposas en el estomago cuando estamos muy emocionados o que nos encogemos por dentro cuando sentimos miedo. Todo esto tiene que ver con estas aglomeraciones de nervios que están conectados con nuestra alma.

Más adelante vamos a ver cómo algunos de estos plexos son verdaderas puertas espirituales hacia el Reino de Dios y también hacia el de las tinieblas.

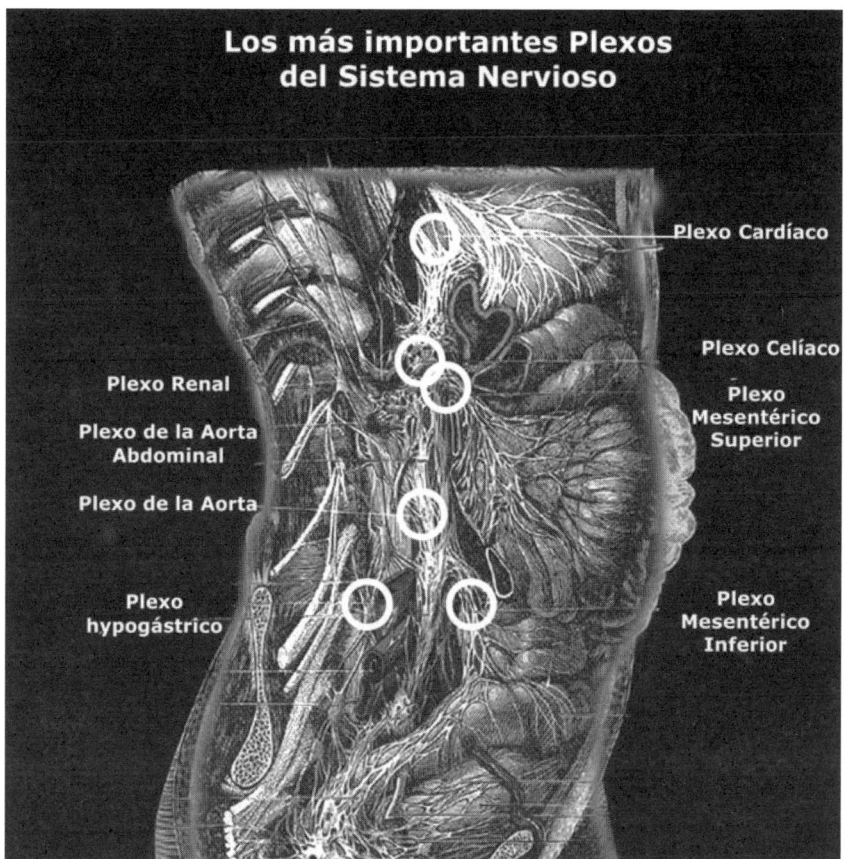

Fig. 38 Los más Importantes Plexos del Sistema Nervioso

II. El sistema Linfático

El sistema linfático es el conductor de energía del cuerpo. Es por donde corre la unción de Dios desde el espíritu hacia todos los órganos. Es por así decirlo un conjunto de calzadas por donde corre la luz de Dios a todo nuestro ser.

Estas avenidas se bloquean por causa de la iniquidad y las sustancias de muerte que ésta produce, lo mismo que por las toxinas que consumimos.

Los nódulos linfáticos son como pequeñas bolsitas que se encuentran todo a lo largo de los conductos linfáticos y se unen a algunos de los plexos nerviosos y a las glándulas del sistema endócrino.

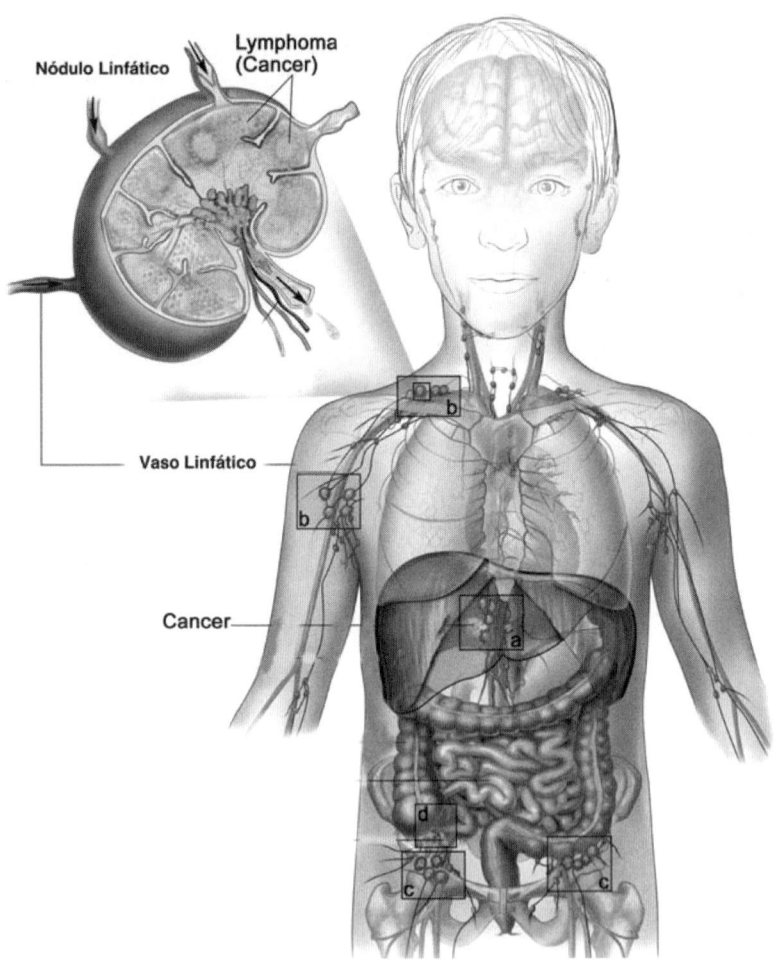

Fig. 38 Nódulos Linfáticos

Una de las más importantes glándulas linfáticas es la llamada "Timo". Ésta regula y controla el flujo de la energía. Contrarresta los desequilibrios tan pronto se presentan para así alcanzar el máximo balance de la energía corpórea. Ésta glándula se conecta directamente con la mente del alma, siendo el primer órgano en afectarse por el estrés mental.

El sistema linfático también tiene como función el descomponer las toxinas y eliminar su peligrosidad antes de devolverlas al torrente sanguíneo y de ahí al hígado o los riñones. También las puede expulsar del cuerpo directamente por medio del sudor.

Los conductos linfáticos se encuentran justo debajo de la piel, y la linfa es el líquido transparente que supura cuando tenemos una herida. Las glándulas linfáticas están situadas en el cuello, las axilas y las ingles, y a menudo se hinchan durante una infección.

Más adelante al estudiar el proceso espiritual de la enfermedad veremos cómo el sistema linfático juega un papel importantísimo en nuestra salud.

III. El Sistema Endócrino

Este sistema es la farmacia de nuestro cuerpo. Las piezas fundamentales de éste son las hormonas y las glándulas. En calidad de mensajeros químicos del cuerpo, las hormonas transmiten información e instrucciones entre conjuntos de células. Aunque por el torrente sanguíneo circulan muchas hormonas diferentes, cada tipo de hormona está diseñada para trabajar solamente sobre determinadas células. Las glándulas producen hormonas y aminoácidos, y los transfieren al sistema linfático y al torrente sanguineo.

Este sistema está muy ligado a nuestra alma y es uno de los que más anhela controlar el enemigo.

La secreción o la ausencia de ciertas hormonas va a afectar nuestro estado de ánimo, esto es un bocado delicioso para que el diablo induzca ciertos comportamientos que lo llevarán a la victoria sobre un alma.

Es muy común observar los cambios de ánimo que sufre una mujer durante su periodo. Muchas se vuelven depresivas, otras coléricas y/o super sensibles ofendiéndose por cualquier cosa.

Yo fui la mujer más feliz cuando Dios me enseñó a separar mi sistema endócrino de mis emociones, simplemente haciendo un decreto verbal: "En el nombre del Señor Jesucristo separo voluntariamente mis emociones y mi corazón de mi sistema endócrino y nunca más éste controlará mis estados de ánimo." Desde entonces, mis emociones nunca más se vieron afectadas por un cambio hormonal.

C) La Enfermedad que Procede de Afuera

No toda enfermedad procede de adentro. El príncipe de las tinieblas cuyo objetivo es robar, matar y destruir envía enfermedades para afligir y aniquilar a los hombres.

Algunas personas piensan que Dios les puede enviar enfermedades para tratar con ellos, pero ésta no es la naturaleza de Dios.

Porque yo sé los pensamientos que tengo acerca de vosotros, dice Jehová, pensamientos de paz, y no de mal, para daros el fin que esperáis.

Jeremías 29:11

Toda buena dádiva y todo don perfecto desciende de lo alto, del Padre de las luces, en el cual no hay mudanza, ni sombra de variación.

Santiago 1:17

El tiempo en que vivió el sufriente Job, era muy diferente al actual. En aquel tiempo Jesús no había llevado nuestras enfermedades en la cruz, ni satanás había sido echado fuera de su posición como acusador.

Jesús pagó un precio impresionante para que pudiéramos vivir en una salud perfecta, no para mandarnos enfermedades, que son parte del imperio de la muerte.

> *Así que, por cuanto los hijos participaron de carne y sangre, él también participó de lo mismo, para destruir por medio de la muerte al que tenía el imperio de la muerte, esto es, al diablo.*
>
> *Hebreos 2:14*

Un hijo de Dios enferma por lo que determina creer en su corazón.

1. El Ataque Empieza En El Espíritu del Hombre.

Para llegar al alma, el diablo necesita penetrar a través del espíritu ya que él mismo es un ser espiritual y no anímico.

Lo primero que va a hacer es enviar una enfermedad en forma de opresión y tinieblas sobre un área del espíritu (ver figura contigua).

Hasta ese momento no es otra cosa sino tinieblas mentirosas sin sustancia. Sin embargo la mentira tiene un poder que opera de tal manera que el hombre la llega a creer.

Este poder actúa como un síntoma en el cuerpo, el cual empieza a sentir malestar o dolor.

Una vez que el cuerpo recibe las señales mentirosas enviadas en forma de dolencia, la mente las recibe como verdaderas. Lo más probable es que la persona se dirija a un médico el cual le confirmará que lo que siente es real y que tiene una enfermedad.

El temor desciende ahora al corazón el cual lo cree a ciencia cierta y la boca que tiene poder para dar vida o muerte confiesa la enfermedad.

En ese momento lo que era tan sólo una mentira en el ámbito del espíritu se manifiesta en materia en el cuerpo físico enfermando en forma real al cuerpo.

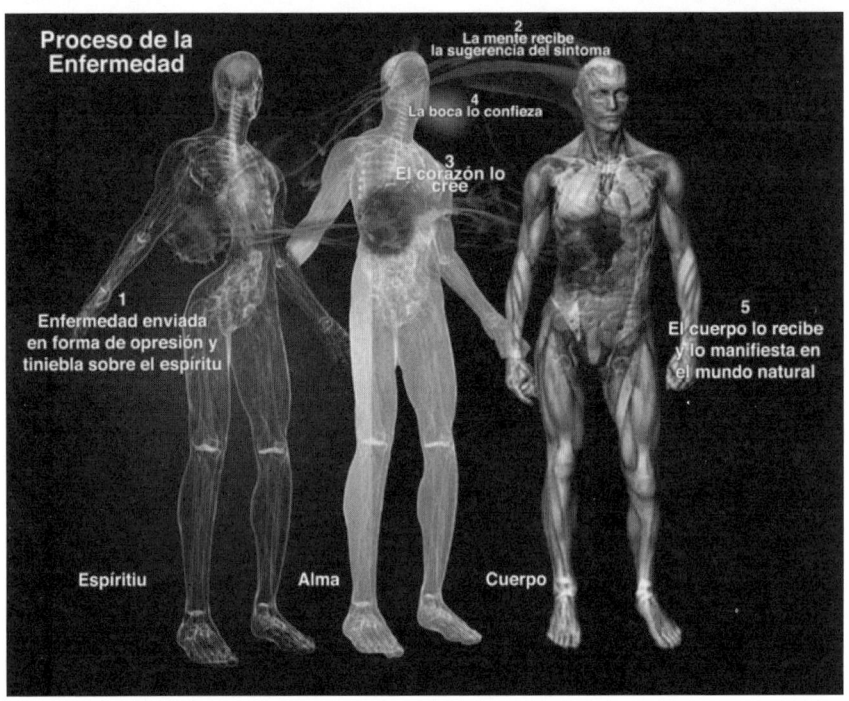

Fig. 39 El Proceso de la Enfermedad Enviada desde Afuera.

El primer ataque ha tenido éxito y ahora el diablo envía su segunda embestida: destruir el cuerpo por medio de medicamentos llenos de efectos secundarios.

Empezará por el sistema de defensa que se encuentra en el sistema linfático del organismo. La linfa y los nódulos linfáticos se llenarán de toxinas químicas que inhibirán la producción de anticuerpos.

El sistema linfático es el basurero del cuerpo y su función es eliminar las toxinas para que éstas no afecten el resto del organismo. Al estar debilitado por los fármacos, los órganos quedan desprotegidos y la arremetida del diablo será sin misericordia. En palabras más sencillas, la ofensiva está dirigida a acabar con el ejército defensor que Dios puso dentro de nosotros, el cual es PODEROSÍSIMO. Una vez derribada la guardia, los tóxicos bloquearán la liberación de las toxinas por medio de las glándulas sudoríparas (las que producen el sudor). Esto creará un ambiente propenso a la enfermedad en todo el organismo.

Las glángulas linfáticas producen las sustancias y mecanismos de defensa del cuerpo llamados linfocitos. Estos llegan a todos los tejidos, donde constituyen la principal defensa contra la enfermedad.

Los antiguos griegos le dieron una gran importancia a la glándula llamada Timo la cual denominaban THUMUS. En Griego significa: Alma, o Vida, por situarse en el centro del pecho, cerca de donde se sienten las emociones, muy cerca del corazón físico. Una Glándula Timo activa y sana contribuye a una buena salud con un sistema inmune fuerte.

2. La Opresión y Las Dolencias

El diablo usa armas e instrumentos de tortura para traer opresión y dolencias en nuestros cuerpos. Los usa enviándolos al espíritu, de la misma manera que envía la enfermedad.

Estas se manifiestan como dolores agudos localizados en partes diversas del cuerpo, por lo general en el cuello, los hombros, la cintura o la cabeza.

Sobre todo, tomad el escudo de la fe, con que podáis apagar todos los dardos de fuego del maligno.

Efesios 6:16

Ninguna arma forjada contra ti prosperará, y condenarás toda lengua que se levante contra ti en juicio. Esta es la herencia de los siervos de Jehová, y su salvación de mí vendrá, dijo Jehová.

Isaías 54:1

La gente por lo general los intenta remediar con analgésicos, masajes o algún otro remedio natural, pero no tienen éxito ya que su origen es espiritual. Los médicos, al no ver nada en sus métodos de diagnosis les dan nombres tales como fibromialgia, migrañas etc. y llenan a la gente de medicamentos.

En la gráfica puse algunos instrumentos de tortura que hemos identificado al orar por la gente y en nuestros propios cuerpos.

Hay prensas con las que el diablo oprime la cabeza o la espalda, sarcófagos llenos de fuertes aguijones, cinturones con clavos, dagas, anzuelos, collares con púas, máscaras asfixiantes, gruesas telas de araña que pone en los senos frontales y nasales, zapatos con puyas, trampas con dientes como para cazar un animal, etc.

Aunque esto suene terrible, la realidad es que son muy fácil de tratar. Los ojos de nuestro espíritu están capacitados para ver estas armas que son lanzadas en contra de nosotros. Entre más los ejercitemos más fácil vamos a poder verlas. Una vez localizada el arma, proceda a sacarla como si la estuviera viendo físicamente. Tenga en cuenta que algunos cuchillos tienen dientes afilados los cuales no podemos jalar de un tirón, lo mismo que los garfios.

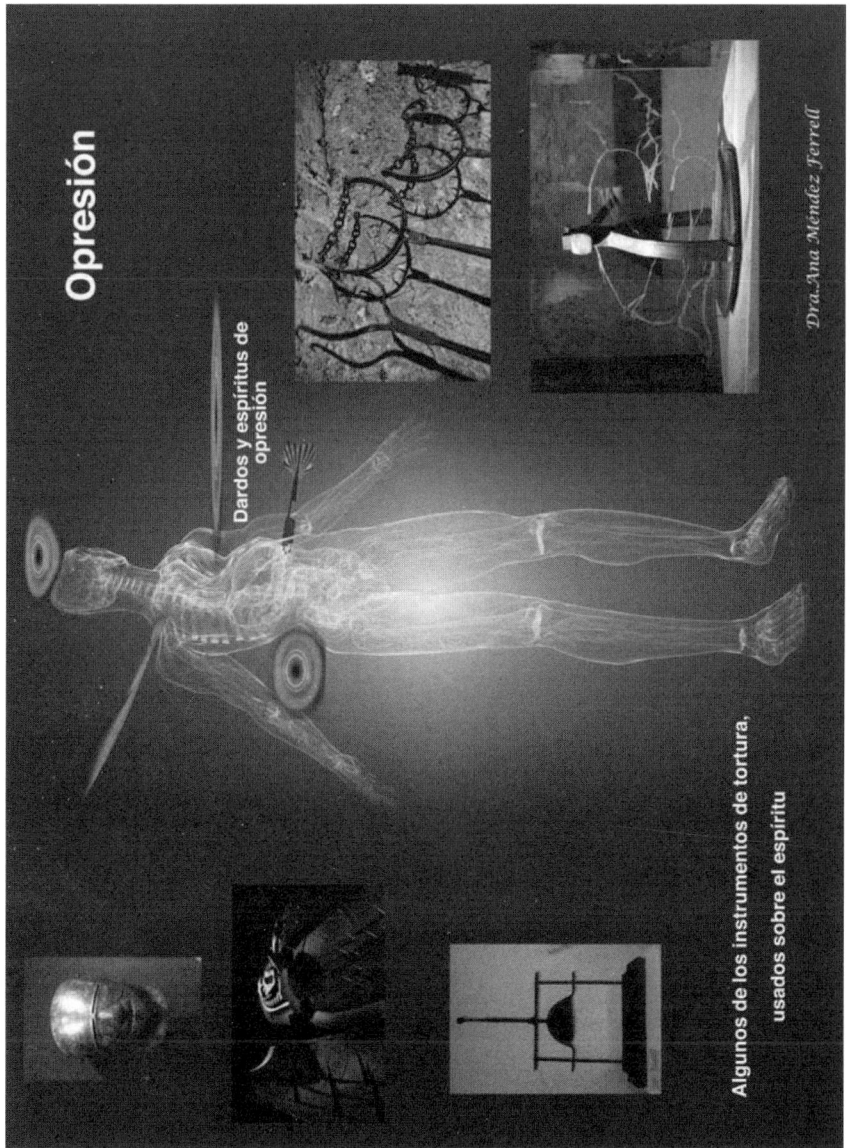

Fig. 40 Instrumento de Opresión

Si no lo ve con claridad, pídale al Espíritu Santo que le revele de qué arma se trata y luego extírpela.

3. Jesús Pagó por Nuestras Enfermedades.

Es importante que sepan todos cuyo espíritu ha nacido de Dios, que Él pagó el precio de toda enfermedad y que podemos vivir en perfecta salud. A veces vendrán ataques, ya que el diablo nos odia, pero no tenemos que sucumbir a ellos. "Resistid al diablo y el huirá de vosotros".

y dijo: Si oyeres atentamente la voz de Jehová tu Dios, e hicieres lo recto delante de sus ojos, y dieres oído a sus mandamientos, y guardares todos sus estatutos, ninguna enfermedad de las que envié a los egipcios te enviaré a ti; porque yo soy Jehová tu sanador.

Éxodo 15:26

Capítulo 13

LAS PUERTAS DEL ESPÍRITU

En el capítulo anterior analizamos cómo los tres sistemas, el linfático, el endócrino y el nervioso están interconectados, ahora vamos a ver cómo se unen con el alma y el espíritu.

1. Las Puertas de Un Espíritu Redimido

Nuestro espíritu, una vez que ha nacido de nuevo al ámbito del Reino de Dios se ha convertido en el tabernáculo donde Él mora.

Durante la cautividad Babilónica Dios le da al profeta Ezequiel el diseño de un templo que nunca llegó a construirse. Aunque son los planos de un edificio físico, relacionado con el sistema religioso del antiguo pacto, tiene mucho que ver con nuestro edifico espiritual.

Aún la forma en que él recibió esta visión nos es muy útil para entender aspectos de nuestro espíritu.

> *Y me dijo Jehová: Hijo de hombre, pon atención, y mira con tus ojos, y oye con tus oídos todo lo que yo hablo contigo sobre todas las ordenanzas de la casa de Jehová, y todas sus leyes;* **y pon atención a las entradas de la casa, y a todas las salidas del santuario.**
>
> *Ezequiel 44:5*

En el capítulo 4 estudiamos el cordón de plata y vimos cómo Dios en la escritura le da la facultad al hombre de ser llevado a diferentes lugares espirituales y físicos.

Para que esto suceda, el espíritu sale por las puertas que el Señor diseñó en nuestro ser espiritual.

Una de las principales puertas se encuentra en la parte superior de la cabeza. Por eso es que la imposición de manos para impartir un don espiritual o ungir un ministerio se hace en este lugar.

> *Y aquella figura extendió la mano,* **y me tomó por las guedejas de mi cabeza;** *y el Espíritu me alzó entre el cielo y la tierra, y me llevó en visiones de Dios a Jerusalén, a la entrada de la puerta de adentro que mira hacia el norte, donde estaba la habitación de la imagen del celo, la que provoca a celos.*
>
> *Ezequiel 8:3*

Otra puerta importante se encuentra en la parte posterior u occipital de la cabeza donde se une con el cuello.

3) Una tercera se encuentra en el área de la válvula a la altura de los plexos solar y cardíaco y por último, otra en el centro del cerebro 4) uniendo la glándula pineal y los plexos oculares.

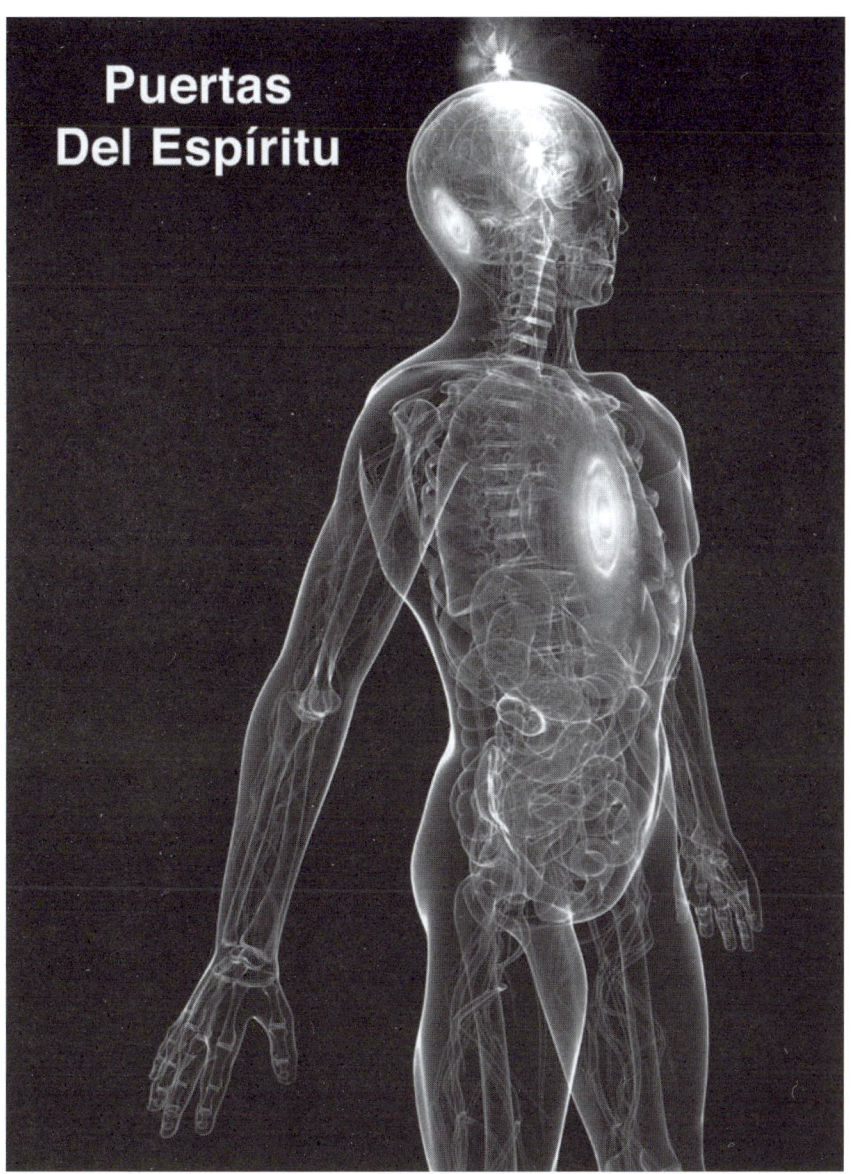

Fig. 41 Las Puertas del Espíritu

Las cuatro funcionan como entradas para recibir del Espíritu de Dios visiones e imparticiones, pero sólo dos son accesos hacia afuera, la de la parte superior de la cabeza y la de la válvula.

En visiones de Dios me llevó a la tierra de Israel, y me puso sobre un monte muy alto, sobre el cual había un edificio parecido a una gran ciudad, hacia la parte sur.

Y me habló aquel varón, diciendo: Hijo de hombre, mira con tus ojos, y oye con tus oídos, y pon tu corazón a todas las cosas que te muestro; porque para que yo te las mostrase has sido traído aquí.

Ezequiel 40:2 y 4ª

Desgraciadamente el enemigo ha usado estas puertas y otras que conducen al alma y al cuerpo para infiltrarse dentro del ser humano oprimiéndolo y aun poseyéndolo.

El desconocimiento de estas entradas tiene a una gran cantidad de creyentes e incrédulos bajo yugos terribles que no saben cómo lidiar con ellos.

El que hiciere hoyo caerá en él; y al que aportillare vallado, le morderá la serpiente.

Eclesiastés 10:8

Cuando las puertas son ignoradas el peligro es inminente. Por eso es importante entender cómo el enemigo las usa. Cuando una persona ha incurrido en prácticas espirituales ocultistas o de la nueva era, ha abierto estas puertas y necesariamente tienen que ser cerradas. La confesión de pecado no las cierra, tiene que ser un acto consciente de nuestra parte. Éstas pueden haber sido abiertas por nuestros ancestros y heredamos el nacer con nuestras puertas abiertas y contaminadas. Veamos entonces cuales son estas puertas.

2. Las Puertas Usurpadas y Creadas por el Enemigo

El diablo a quién el hombre le dio el dominio de la creación tras la caída, ha sido sumamente astuto para engañar al hombre, sobre todo en materia espiritual.

Le ha hecho creer que simplemente por desarrollar sus facultades mentales y espirituales puede conectarse con lo que él ha llamado la gran mente universal.

En todas las prácticas inspiradas por el caído ángel de luz, va a asegurarse que los hombres inviten guardianes para guiarlos en sus experiencias.

Estos son espíritus demoníacos que se disfrazan con los nombres que la gente les da y la razón de esto es que el único que puede llevar al hombre a los planos espirituales es Dios mismo a través del Espíritu Santo. Si el hombre intentara por sí mismo hacer un viaje astral simplemente moriría. Entonces estos espíritus guardianes mantienen la conexión entre el cuerpo y el espíritu para que este pueda viajar.

Para esto necesita tener acceso a las puertas del espíritu. Algunas ilustraciones que le ayudarán a entender este concepto están siendo expuestas por Hollywood.

La película "Avatar" muestra claramente estas puertas. Para los que tienen entendimiento es una película muy reveladora de las doctrinas que el diablo está queriendo establecer en la tierra. El mundo mágico en el que se mueven los avatares es el mundo espiritual creado por satanás. Cada personaje tiene un "yo" análogo que se parece a ellos y que representa su ser espiritual en esa dimensión. Para poder transportarse usan dragones que son en realidad los espíritus guardianes encargados de llevarlos en sus viajes astrales.

Los avatares se unen a los dragones conectando su cabello en forma de trenza o guedeja a un apéndice alargado que sale de la cabeza del dragón. El punto de contacto entre el dragón y el avatar es la puerta occipital del espíritu que se encuentra entre el cráneo y el cuello.

Fig. 42 Avatar Conectado al Dragón. La trenza sale de la región occipital y penetra el apéndice tubular del animal.

En otras películas como el "Matrix" vemos también que para entrar a la otra dimensión son conectados también en esta misma área.

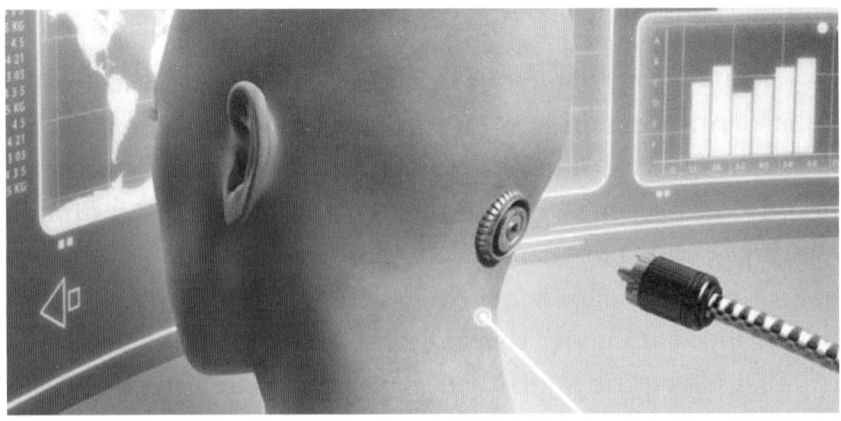

Fig. 43 Conexión Usada en el Matrix y en Juegos Digitales.

Esta puerta está directamente conectada a la glándula pineal en el centro del cerebro. Es a través de esta puerta que entran y salen espíritus demoníacos o de muertos invocados por los espiritistas.

Es también por ahí donde el diablo envía todo tipo de imágenes pornográficas y terroríficas a la pantalla del espíritu. Es la puerta por donde se infiltra con sueños perturbadores y pesadillas.

Satanás también va a usar los centros de energía del cuerpo localizados en las principales glándulas. Esto con el fin de abrirse puertas y controlar el alma y sus apetitos, ya que éstas determinan una gran parte de la salud física y emocional del hombre.

Chacras

A estas puertas las denomina "chacras" que en sánscrito quiere decir círculos. Estos son ruedas de energía que el diablo activa y que con la práctica se van transformando en una especie de embudos por los que introduce sus espíritus.

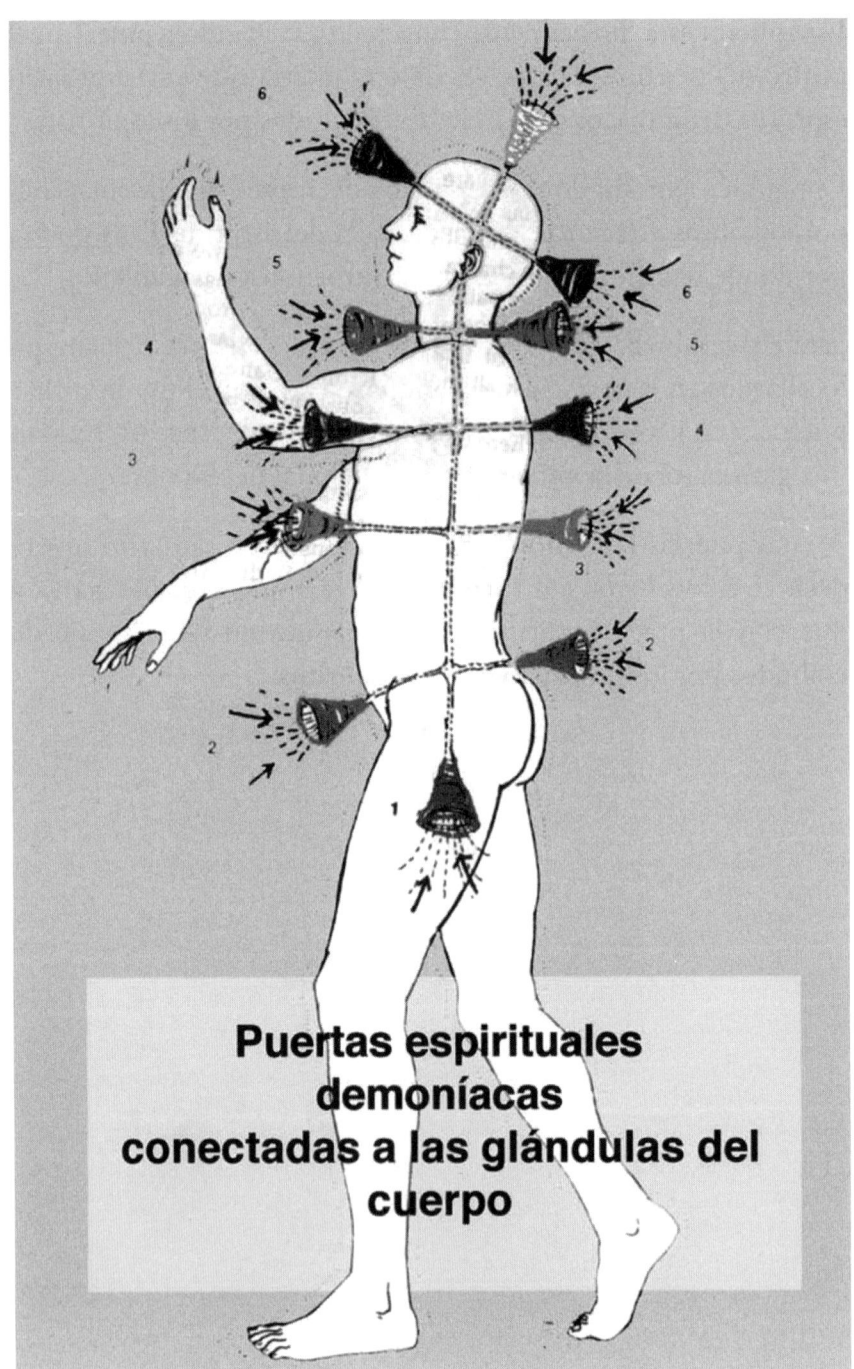

Fig. 44 Puertas Demoniacas

Estos centros de energía o puertas demoniacas están interconectadas al alma en el ventrículo anímico del corazón y al asiento de la iniquidad. Los espíritus y su energía destructora viajan por un conducto que el diablo crea dentro del alma de la persona llamado: la serpiente del kundalini o la serpiente del poder. Está a su vez está conectada con un dragón universal llamado Ouroboros.

Si analizamos nuestro cuerpo veremos que las principales glándulas endócrinas convergen con los plexos nerviosos y con las glándulas linfáticas. Es precisamente en esos puntos de unión donde se producen las conexiones con el alma y el espíritu, por eso es que hay una gran cantidad de energía concentrada en los plexos nerviosos.

Como dije anteriormente, el diablo está muy interesado en nuestras glándulas, ya que éstas controlan muchos de los estados de ánimo del ser humano. Al establecer sus puertas ahí, podrá controlar la sexualidad, y las emociones destructivas como la ansiedad, la ira, la depresión, etc.

Observemos cómo estas puertas están establecidas justo donde convergen estos tres sistemas tan conectados con el alma y el espíritu.

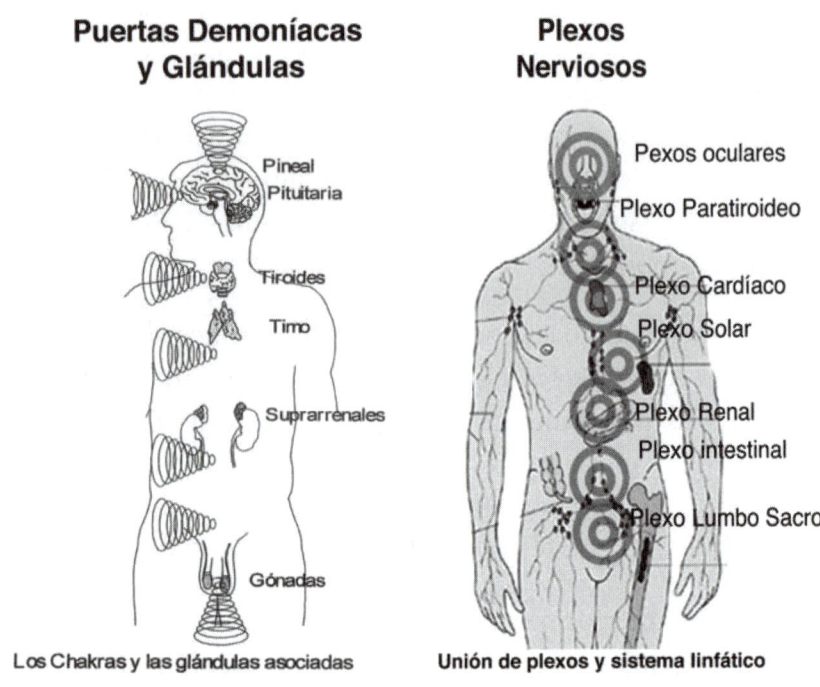

Puertas Demoníacas y Glándulas

- Pineal
- Pituitaria
- Tiroides
- Timo
- Suprarrenales
- Gónadas

Los Chakras y las glándulas asociadas

Plexos Nerviosos

- Pexos oculares
- Plexo Paratiroideo
- Plexo Cardíaco
- Plexo Solar
- Plexo Renal
- Plexo intestinal
- Plexo Lumbo Sacro

Unión de plexos y sistema linfático

Fig. 45 Correlación entre las Puertas Demoníacas,
las Glándulas Endócrinas y los Plexos Nerviosos.

Estas puertas también son usadas para transferir espíritus de una persona a otra o enviarlos a un lugar. La que se encuentra en la parte superior de la cabeza es el asiento de gobierno donde el diablo se posiciona para controlar una persona involucrada en prácticas espirituales fuera de Dios. También es usada para conectarse con las esferas espirituales que satanás les permite experimentar. Muchos son engañados porque este ángel caído que conoció el cielo, les muestra fragmentos de lugares celestiales recreados por él mismo, es un experto ilusionista capaz de recrear cualquier panorama para engañar.

En muchas religiones y prácticas ocultistas los seguidores son instruidos a cubrirse la cabeza, como un acto para proteger el área sagrada de su espíritu donde se asienta la presencia de su dios.

Eso no lo hacen como una reverencia sino porque saben que es una puerta espiritual y un asiento de poder. Esto lo vemos en el vudú, la santería, en el hinduismo, en el catolicismo, y en muchas otras.

Con el tiempo las personas que practican el abrir estas puertas sufren trastornos cardíacos, abdominales, problemas glandulares y cerebrales entre muchos otros.

Es importantísimo cerrar toda puerta abierta en nuestro pasado o por herencia. De esta manera las verdaderas puertas que Dios puso en nuestro espíritu pueden ser usadas por Él sin ningún peligro ni infiltración.

3. Cerrando Las Puertas del Maligno y Abriendo Las Puertas de Dios

Cerrar las puertas es muy fácil, ya sea que usted las abrió, o que nació con ellas abiertas por causa de prácticas iniciadas por sus antecesores.

Si quieres has esta oración conmigo usando todo tu corazón y creyendo en lo que estás haciendo.

"Padre Celestial, vengo delante de ti en el nombre del Señor Jesucristo y te pido perdón por haber abierto estas puertas y por mis ancestros que las abrieron. Renuncio a todo espíritu guardián que haya entrado por ellas, lo mismo que a la serpiente Kundalini y al dragón Ouroboros y ordeno que salgan de mi vida y de la vida de mis generaciones."

Ahora poniendo una mano en cada una de las chacras y de la puerta que se encuentra en la parte baja y posterior del cerebro, di:

"De mi propia voluntad cierro esta puerta para siempre con cerrojo de hierro y jamás podrá ser usada por el diablo ni sus espíritus. Desconecto toda ligadura que el diablo haya hecho uniendo estos conductos a mi espíritu, a mi alma, a mis glándulas y a mi sistemas linfático y nervioso. Renuncio a la energía de tinieblas y de enfermedad que se estableció en mis órganos a través de esas puertas y ordeno que salga fuera de mi vida, en el nombre de Jesús, Rey de reyes.

Pongo ahora la sangre de Jesucristo en cada una de estas puertas y las consagro al Padre Celestial."

Ahora pon la mano en las 4 puertas que fueron creadas por Dios dentro de ti (Ve el diagrama- Puertas del Espíritu, pg. 229) y declara lo siguiente:

"Declaro que las puertas de mi espíritu le pertenecen sólo a Dios en sus tres personas Padre, Hijo y Espíritu Santo y quedan totalmente consagradas y en Sus manos para ser usadas por Él para mi desarrollo espiritual. Le doy las gracias por haberme creado, por ser tan extraordinario como ahora conozco que soy. Te pido Señor que me enseñes por Tu Espíritu a vivir conforme a Ti y no conforme a la carne y mis razonamientos. Renuncio al árbol del conocimiento del bien y del mal y a todos sus fundamentos y recibo el árbol de la vida que es el fluir de la vida del Espíritu de Dios unido al mío. En el Nombre del Señor Jesucristo, amén"

Haz esto en cada puerta y luego consagra aceite, declarando que es un símbolo del Espíritu Santo y aplícalo en cada puerta espiritual que cerraste.

Si, nunca has hecho un pacto de salvación con el Padre Celestial para consagrarte a Él por completo y reconocer a Jesucristo como tu Señor y Salvador, es importante que lo hagas. En el mundo espiritual no hay zonas neutras.

O se es del reino de la Luz o se es del de las tinieblas.

Si este es tu deseo y quieres alcanzar la plenitud narrada en este libro, abre tu corazón, y pídele a Dios perdón por tus pecados.

Siente el arrepentimiento necesario para que sea quitado el prepucio de tu corazón. Anhela tu salvación con toda tu alma y pídele en tus propias palabras al Señor Jesús, al Padre y al Espíritu Santo que entren a vivir en tu corazón. Pídele que tome posesión de tu cuenco de oro y que haga en ti Su morada.

Dios te bendiga abundantemente y desarrolle en ti un espíritu poderoso para establecer el Reino de Dios en la Tierra. Mi oración es que seas visto como el verdadero linaje de Jehová lleno de poder, de sabiduría y de santidad. Un verdadero hijo o hija de Dios que haga la diferencia en la Tierra.

FIN

Si este libro te gustó, te recomendamos también

Comed de Mi Carne y Bebed de Mi Sangre

Sumergidos en Él

Ayuno Cuántico

Sentados en Lugares Celestiales

Adquiérelos en
www.vozdelaluz.com

Ministerio
Voz De La Luz

www.vozdelaluz.com

(904) 834-2447

**P.O.Box 3418 Ponte Vedra Fl.
USA**